이것도 제 삶입니다

섭식장애와 함께한 15년

이것도
제 삶입니다

박채영 지음

오월의봄

표지 설명

표지의 바탕색은 푸른빛이다. 책의 지은이가 유영 중인 장면을 물속에서 위로 찍은 사진이 세로로 길게 액자 형식으로 삽입되어 있다. 사진 속의 지은이는 검은색 민소매 상의를 입고 물속을 유영 중인데, 그 움직임으로 인해 물결이 일렁이고 있다. 사진 오른편에는 지은이의 모습과, 일렁이는 물결에 비친 햇빛이 있다. 사진의 테두리는 형광 초록색의 가느다란 선으로 되어 있다. 사진 윗부분 오른편에는 부제 "섭식장애와 함께한 15년"이 한 줄로 세로쓰기 되어 있고, 사진 아랫부분 왼편에는 제목 "이것도 제 삶입니다"가 크게 두 줄로 가로쓰기 되어 있으며, 제목 바로 아래에 작은 글자로 "박채영 지음"이 쓰여 있다. 책표지 가장 아랫부분 오른편에는 "오월의봄"이라고 쓰인 출판사의 로고가 있다. 제목, 부제, 지은이, 출판사 로고는 모두 사진 테두리와 같은 형광 초록색이다.

우리 사회는 섭식장애에 대해 유난히 무지하고 편견이 심하다. 예뻐지고 싶어 하는 젊은 여자들의 사치스러운 병. 사회가 특정 질병에 대해 무지하고 편견을 많이 가지고 있을수록 그 질병을 가진 사람의 삶은 더 아프고 고통스러워진다. 그러나 적지 않은 여성들에게 섭식장애는 최선을 다해 살아낸 결과이자 생존의 방식으로 존재한다. 나는 책을 읽는 내내 소화시킬 수 없었던 감정과 흡수하고 싶지 않은 현실을 '구토'해내며, 자신을 지켜낸 저자의 치열한 삶의 태도에 박수를 칠 수밖에 없었다. 그 방식이 삶의 안전을 해치는 위험한 방식이라는 점에서 지속을 권장하기 어렵지만, 섭식장애에 의존해서 자신을 돌보고 삶의 주체성을 갖고 싶었던 것임을 이해할 수 있었다.

　따라서 이 책은 15년간의 섭식장애 투병기가 아니라, 질병과 함께 살아오며 성장하고 좌절하며 확장된 삶에 대한 기록이다. 섭식장애라는 자신의 질병 경험을 토대로 여성의 몸, 모녀 관계, 가족사를 다루면서, 개인의 '몸'이 세상과 독립적으로 존재하는 게 아니라 자신과 연결된 수많은 사람과 관계와 역사가 녹아 흐르는 결과로서의 '몸'이라는 것을 더없이 투명하고 강렬하게 드러낸다. 이를 통해 질병이 개인, 가족, 사회와 교차하는 지점을 볼 수 있으며, 질병의 사회·정치성을 이해하게 된다. 또한 저자는 질병으로 인해 갈등하고 좌절하기도 하지만, 질병을 통해 엄마와의 관계를 성찰하고, 자신을 키워낸 수많은 여자에 대한 존경의 마음에 가닿는다.

사망에 이를 수도 있는 위험한 질병이지만 그 위험성을 인정하고, 치료받기 어려운 질병인 섭식장애에 대해 완치라는 또 다른 강박을 강요하기보다 섭식장애인의 질병권(잘 아플 권리)을 보장하기 위해 필요한 게 무엇인지 깊게 고민하게 됐다. 이 책은 질병이 우리 몸에 무엇이고, 무엇일 수 있는지 질문을 던지고 있다. 우리 시대에 꼭 필요한 질병서사가 여기 도착했다.

―조한진희 |《아파도 미안하지 않습니다》저자, 다른몸들 대표

오후 4시, 이제 갓 20개월을 채운 아기가 할아버지의 손을 잡고 어린이집에서 하원해 집으로 온다. 엘리베이터 문이 열리면 복도를 뛰어오며 나를 부르는 아기의 목소리가 들린다. "엄

마! 엄마! 엄마! 엄마! 엄마!" 자다가도 문득 잠결에 "엄마!"를 부르며 곁에 내가 있는지 확인하는 아기 곁에 누우면, 엄마를 그리워했던 어린 채영과 삶의 무게를 감당하며 홀로 남겨져야 했던 엄마 상옥이 떠오른다.

《이것도 제 삶입니다》는 섭식장애 경험자 채영이 15년 동안 지나오고 견뎌왔던 고통을 몸으로 밀어붙여온 기록이다. 그 병을 함께 겪은 엄마 상옥이 여성으로서, 노동운동가로서, 대안학교 선생님으로서, 또 엄마로서 살아온 삶에 조금이라도 더 가까이 다가가기 위한 발걸음이다. 이 책은 자본주의 가부장제가 구축한 폭력적인 세계 안에서 서로의 곁을 지키며 생존한 여성들에게 바치는 헌사이다.

채영은 섭식장애를 경험하며 겪은 고통을 말하는 것을 넘어서 몸의 쌍방향성과 지옥에서도 함께 살아남을 수 있는 몸의 연대에 관해 말한다. 그의 글은 담담한 어조와 정갈한 문장으로 (상옥의 표현을 빌리자면) 아기 때 신던 신발 자국처럼 가지런히 종이 위에 놓여 있다.

—김보람 | 영화 〈두 사람을 위한 식탁〉, 〈피의 연대기〉 감독, 《생리 공감》 저자

들어가며

평소와 다름없이 집에 누워 핸드폰을 만지고 있는데 전화가 왔다. 엄마였다. "김보람 감독님이 너를 인터뷰하고 싶다는데 만나볼래?" 바로 며칠 전, 엄마가 일하는 학교에서 김보람 감독님의 영화 〈피의 연대기〉 상영회가 있었고, 그 지브이에 참석했던 터라 엄마의 말을 바로 이해할 수 있었다. 엄마는 내게 섭식장애 다큐멘터리 영화에 출연하지 않겠느냐고 묻는 것이었다. 지브이에서 감독님의 차기작 주제가 섭식장애라는 말을 듣고 나도 고민을 하던 터였다. 참여하려면 어떻게 해야 할지, 엄마에게 감독님 연락처를 물어볼지, 엄마는 그것에 동의할지, 여러 생각을 하던 중이었다. 하지만 엄마가 출연을 제안하리라고는 전혀 생각하지 못했다. 오히려 난 엄마가 그 다큐멘터리 작업에 참여하는 데 반대할 것이라고 상상하고 있었다.

　김보람 감독님과의 약속을 앞두고는 마냥 설레었다. 좋아하는 영화의 감독을 만난다는 팬심이 영화 출연에 대한 부담감을 앞섰다. 홍대입구역 3번 출구 앞에 서서 두리번거리고 있는데 저 멀리 흰색 남방에 딱 붙는 요가 바지를 입은 작은 체구의 여성이 나를 향해 뛰어왔다. 헐떡이는 숨으로 "채영씨 늦어서 미안해요"라고 했다. 방금 운동을 마치고 온 감독님의 머리칼이 조금 젖어 있었다. 우리는 곧장 연남동에 있는 포케집으로 이동했다. 최소한의 인사만 나눈 채 식탁 앞에 마주 앉았다. 직접 만난 건 겨우 두 번째지만 난 감독님이 간간이 출연한 팟캐스트의 구독자였기에 이미 내적 친밀감이 형성되어 있었다.

　음식이 나오자 난 평소처럼 자연스럽게 긴장했다. 감독님이 내가 먹는 속도와 양을 지켜볼 것 같은 부담감, 빠르게 먹어서 구토하고 싶어질 수도 있다는 걱정. 그런데 감독님은 운동이 끝나 배가 아주 고프다며 음식에 집중했다. 땀에 젖었다가 마른 감독님의 머리칼과 한입 가득 음식을 넣고 우물거리는 얼굴을 보니 긴장이 풀렸다. 내가 음식을 남기든 다 먹든, 그녀는 신경 쓰지 않을 것 같다. 내 수저에 올라간 음식이 풀인지 밥인지도 중요하지 않을 것 같다. 왠지 어떤 말을 하든 다 괜찮을 거란 확신이 들었다.

정신을 차리고 보니 나와 감독님은 카페에 앉아 한 시간째 수다를 떨고 있었다. 분명 영화에 관한 이야기도 했지만, 사적인 이야기를 더 많이 나눴다. 나는 숨겨둔 비밀을 꺼내듯 조심스레 입을 열었다.

"저는 사실 내 몸을 사랑하라는 말을 싫어해요."

"저도요, 채영씨!"

감독님이 눈을 반짝인다.

"내 몸이 못나 보이는데 그걸 억지로 사랑해야 하나 싶어요. 미워하는 채로 지내면 안 되는 건가요? 그리고 꼭 나를 사랑해야 하나요? 너무 오글거리는 말 같아요. 그냥 가끔은 밉고 가끔은 좋은 나를 데리고 산다고 생각해요. 그렇게 생각하는 게 더 마음 편해요."

"저도 정말 동의해요, 채영씨."

"예전에 어떤 분이 제 병을 두고 고혈압이나 당뇨처럼 조절하며 사는 병으로 여기라고 말한 적이 있는데, 그땐 진짜 미웠거든요? 내가 얼마나 힘든지 알고나 하는 말인가 싶어서. 근데 지금은 그 말에 동의해요. 병도 나의 일부로 인정하고, 병 말고도 나한테 다른 모습이 있으니까. 나를 미워하면서도 좋아하고, 그러다 또 미워하고. 그렇다고 저를 포기한 건 아니에요. 예전에는 병이 끝나야 제 삶이 시작될 거라고 생각했는데 지금은 달라졌어요. 병이 있는 삶도 제 삶이라고, 병이 끝날 때까지 내 삶을 유예할 수 없다고 생각해요."

"채영씨, 제가 그동안 (섭식장애 다큐멘터리) 작업하면서 뭔가 답답한 게 있었거든요? 그게 뭔지 이제 알 것 같아요!"

그렇게 우리의 촬영이 시작됐다. 처음에는 여러 인터뷰이 중 하나로 참여했지만 감독님이 작업의 방향을 바꾸면서 나와 엄마가 영화의 주인공이 됐다. 감독님은 섭식장애 환자들을 인터뷰하고 섭식장애를 공부하며, 이 병의 핵심에는 부모 자식 관계가 있다는 데로 다다랐다. 섭식장애라는 병을 '관계'로 이해하고 풀어가려는 시도인 영화 〈두 사람을 위한 식탁〉은 그렇게 만들어졌다.

나에게 책을 쓰라고 제안한 건 감독님이었다. 말도 안 되는 일이라며 손사래를 쳤지만, 감독님은 끈질기게 틈만 나면 책 작업을 언급했다. 난 조금씩 감독님의 제안에 스며들었다. 무겁게 고민해보았다. 매달 에세이들이 쏟아지듯 출간되는데, 내 이야기가 책이 되어야 할 이유는 무엇일까.

나는 에세이보다 소설을 좋아해왔다. 소설은 꾸며진 이야기지만, 장애, 인종, 질병, 금기된 사랑, 법 바깥의 사람들 등 다양한 주제, 다양한 인물의 서사를 접할 수 있기 때문이다. 최근에는 에세이 역시 질병, 나이 듦, 새로운 형태의 가족, 장애, 취향 등 나날이 그 주제가 다양해지는 걸 느낀다. 그런데 섭식장애는?

한국사회에서 섭식장애 진단율은 계속 높아지고 있으나 그에 반해 새로운 연구나 사회적 차원의 대처, 당사자의 목소리가 세상에 드러나는 경우는 매우 적다. 해외에서는 섭식장애 환자나 가족에 대한 지원이 오래전에 시작되었다. 호주 시드니의 섭식장애협업Eating Disorders Collaboration, EDC 이라는 단체는 2023년 8월 각 분야의 전문가들과 함께 섭식장애 당사자 및 가족에 대한 10년 지원 계획을 발표했다. 이 계획에는 의학 분야 전문가, 정부 기관, 지역사회 관련자들이 협력하게 된다. 또한 2019년에 발족한 단체인 세계 섭식장애 행동의 날World Eating Disorder Action Day은 매년 6월 2일을 섭식장애 행동의 날Eating Disoders Action Day로 선정, 45개 이상 국가의 200개 넘는 단체와 매년 공동행동을 진행해왔다. 당장 구글에 검색을 돌리면 다양한 국가의 섭식장애 지원 단체를 발견할 수 있다. 해외 여러 사회에서는 이 오래되고 치명적인 질병을 개인이 아닌 사회의 몫으로 생각하고 적극 대응하고 있다. 그러나 한국에서는 아직도 섭식장애 당사자와 그 가족(대부분은 당사자의 엄마)이 외롭게 치료를 위해 고군분투하고 있는 실정이다.

이런 상황을 겪는 이들이 비단 섭식장애 환자를 둔 가족뿐일까. 한국에서 정신질환을 호소하는 사람들의 수가 늘어나고 있다는 것은 굳이 통계나 기사를 보지 않고도 체감할 수 있을 정도다. 내 주변의 사람들이 아프다. 내가 다니는 정신건강의학과는 갈 때마다 환자가 많아서 대기하는 데만 30분 이상을 소요한다. 엄마가 근무하는 고등학교에 입학하는 다수의 학생이 항우울제나 ADHD 약을 복용한다. 최근 들어 정신건강의학과를 찾는 교사도 늘었다고 한다.

우리는 아프다. 다양한 이유로 아프고, 그로 인해 일상이 흔들리고 기초적인 생활을 유지하는 데 어려움을 겪기도 한다. 특히 대부분의 정신질환 치료는 '장기전'이 되기 마련인데, 그래서 더 막막하고 우울해진다. 병이 끝난 뒤 본격적인 삶을 시작하면 너무 늦지 않을까? 그럴 바엔 일찍 죽는 게 낫지 않을까? 실제로 내가 오랫동안 했던 생각이다.

난 아프다. 섭식장애와 함께한 지 15년이 넘었다. 알코올 의존과 우울, 불면증은 이제 없는 게 이상하다. 상담도 몇 년째 받고 있고, 약도 먹는다. 그래도 증상은 꾸준히 살아남아 내 일상을 흔든다. 누군가는 물을 수 있다. 왜 입원 치료 안 해? 그게 사는 거니? 그걸 어머니가 그냥 놔두시니? 나의 대답은 "이것도 제 삶입니다"이다.

이것도 삶이다. 증상과 발맞추어 최악으로 떨어지지 않기 위해 갖은 노력을 하면서 사는 것도 삶이다. 정신질환을 갖고 있어도 직장 생활을 하고 친구를 만나고 연애를 하고 누군가를 돌볼 수 있다. 먹고 토하고 술에 취하고 잠을 설치고 지저분한 집에 누워 있다고 해서 내가 나를 좋아하지 않는 건 아니다. 난 기본적으로 나를 사랑하지만, 사랑하는 만큼 밉기도 하고 불안하기도 하다. 애증하는 나를 포기하지 않을 만큼, 나는 나를 좋아한다.

내가 나를 아끼고 사랑한다고 해서 병이 낫는 건 아니다. 질병은 개인적 요인, 가족 요인, 사회적 요인의 다양한 교차 속에서 발생한다. 그 때문에 혼자서 혹은 온 가족이 만사 제쳐두고 고군분투하면 '완치'될 수 있다고 쉽사리 말할 수 없다(고 나는 생각한다). 특히 정신질환은 여러 사회적 맥락, 역사의 흐름 속에서 발견되기도 하고 발병하기도 한다. 질병서사가 세상에 나오는 것이 중요한 이유는 한 사람의 삶을 통해 그가 살아낸 사회, 그가 통과한 역사를 볼 수 있고 이로써 인간을, 그리고 그가 앓는 질병을 더 풍부하게 이해할 수 있기 때문이 아닐까.

책 작업을 계기로 나의 어린 시절을 돌아보고 적어 내려가며 나의 오래된 상처의 출처로 거슬러 올라가보았다. 거기엔 엄마와 엄마의 형제들이 있었고 그들이 노출되었던 60~70년대의 폭력적인 가부장제, 군사 정권과 독재 정치 하에 빠르게 진행된 한국의 근대화, 그리고 그 속을 살아낸 가난한 서민의 삶이 있었다. 나에게 엄마를 용서한다는 건 그 시대를 이해하고 용서하는 일을 포함하는 작업이었다.

섭식장애와 함께한 시간을 글로 풀어내며 내가 홀로 통과해야 했던 긴 터널, 그 외로움과 다시 마주할 수 있었다. 한국에서 탈학교 청소년으로서 마주할 수밖에 없었던 막막함과 두려움. 시골 출신의 아이가 서울에 홀로 올라와 견뎌내야 했던 불안들. 그 모든 걸 견뎌낸 나를 처음으로 대견하게 여겨봤다.

증상을 표현하는 것은 최대한 쓰지 않으려고 했다. 보이는 모습보다 그 너머에 있는 마음을 나누고 싶었다. 증상은 한 인간이 가진 고통의 표현이라고 생각한다. 자신이 가진 아픔, 슬픔, 괴로움을 그 모습 그대로 꺼내는 것이 두려울 때 그는 증상으로 우회해 타인과의 소통을 시도한다. 고로, 질병은 어떤 결말이 아니라 새로운 소통의 시작일 수 있다.

섭식장애와의 동거가 끝나지 않은 상태에서 글을 쓰다 보니 자주 혼란스러웠고 불안정했다. 쉽게 자신감을 잃고 우울의 나락으로 미끄러졌다. 그럴 때마다 나를 지탱해준 것은 친구들, 동거묘들, 그리고 내가 지나온 과거의 기억이었다. 습관적으로 내 삶이 쓸모없다고 생각했는데 지금 보니 살기를 잘한 것 같다.

내게 '곁'을 알려준 모든 생명체에게 감사의 마음을 전하고 싶다.

차 례

1부 | 이야기의 시작

1

이야기의 시작

이야기의 시작

난, 나의 몸으로 직접 삶을 느끼기 위해, 그것이 고통이라 할지라도 타인의 말이 아닌 나의 감각으로 알기 위해 스스로 사막에 들어섰다. 그러니 난 이 여정을 끝마쳐야 한다. 어떻게든 '나'라는 수치심과 죄책감을 끝내길 원한다. 죽더라도 내가 걸어온 길을 후회하는 일은 하지 않을 것이다. 나는 포기하고 싶지 않다.

어린 시절, 나는 자주 배가 아팠다. 세 살 때부터 만성변비와 주기적 장염에 시달렸다. 똥을 한번 싸려면 한바탕 울어야 했다. 딱딱한 똥을 항문에서 꺼내기 위해 엄마가 직접

손가락을 집어넣은 적도 있다. 어릴 때 쓴 일기장에도 배가
아픈 날에 대한 기록이 있다.

> "배가 아파서 병원에 갔다. 의사 선생님이 내 배가 아픈
> 이유는 내가 엄마가 보고 싶기 때문이라고 했다. 배가
> 아프고 또 아팠다. 나는 참고 참고 참고 또 참았다. 그래도
> 배는 자꾸 아팠다."

홀로 나를 키우느라 매일 바빴던 엄마는 출산 후, 양육
의 방법을 미처 알기도 전에 생업에 뛰어들어야 했다. 나의
주양육자는 자주 바뀌었다. 이모였다가 주인집 아줌마였다
가 엄마 친구의 지인이 되는 식이었다. 엄마는 내가 건 전화
도 바로 받기 어려운 상황이 잦았다. 내가 엄마를 보고 느끼
고 들을 때는 아침 잠깐, 그리고 밤이 전부였다. 그 때문에
엄마와 내가 나누는 대화는 한정적일 수밖에 없었다. "밥
먹었니?" "아픈 데는 없니?" 나의 하루를 잘 알지 못하는 엄
마가 할 수 있는 최선의 질문이었다. 내가 조금이라도 아프
면 엄마의 가슴은 내 눈에 보일 만큼 철렁 내려앉았다. 빠르
게 반응하며 병원에 데려가고, 가끔은 일을 쉬기도 했다. 내
가 엄마를 온전히 갖고 만끽할 수 있는 시간은 몸이 아픈 날
에만 허락됐다.

배가 아프다고 말하면 엄마는 "아이고, 우리 딸 배가 아파?"라며 나를 엄마 다리 위에 눕혔다. 그리고 거칠고 따뜻한 엄마의 손으로 차가운 내 배를 문질러줬다. "엄마 손은 약손, 엄마 손은 약손." 엄마의 다리 위에 누워 부드러운 배 위를 왔다 갔다 하는 거친 피부를 느끼다 스르륵 잠에 빠져들고 나면 어느새 아픈 게 사라졌다. "엄마 손은 약손." 그건 내가 가장 좋아하는 자장가가 되었다.

언제부터였을까. 엄마가 보고 싶거나 마음이 상했을 때, 외로움이 느껴지거나 슬플 때, 그런데 겉으로 마음을 드러낼 수 없을 때 배가 아팠다. 학교에서 수업을 듣다가도, 친구들과 놀다가도 갑자기 배가 아팠다. 아랫배에 은근하게 통증이 오기 시작하면 온몸에 기운이 빠지고 식은땀이 흘렀다. 그러면 난 티셔츠 밑으로 손을 넣어 배에 얹고 빙글빙글 원을 그렸다. 엄마 손 대신 내 손으로 차가운 살이 따뜻해질 때까지 배를 문질렀다. 빙글빙글. '내 손은 약손, 내 손은 약손.' 그러고 나면 마치 엄마가 다녀간 것처럼 마음이 안정됐다. 어떤 남교사의 '망측하다'라는 지적을 듣기 전까지 나는 하루에도 몇 번씩 티셔츠 안으로 손을 넣어 배를 매만졌다.

중학교 2학년 첫 달의 어느 날. 나는 처음으로 급식을 남겼다. 메인 반찬은 고등어조림이었다. 평소 내가 좋아하는 반찬 중 하나였다. 그렇게 좋아하는 고등어가 갑자기 거북하게 느껴졌다. "그럼 남겨." 친구의 무심한 답변이 고민을 해결해주었다. 학교가 끝날 때까지 배 속에 소화되지 못한 고등어가 남아 있었다. 트림과 함께 고등어 비린내가 올라왔다. 불쾌했다. 처음으로 음식이 불쾌하게 느껴졌다.

"엄마 나 속이 안 좋아."

"그럼, 죽 먹을래?"

하교 후, 편의점에서 캔에 든 죽을 샀다. 입에 넣으려고 보니 고등어 냄새가 불쾌하게 떠올랐다. 결국 난 죽 한 캔을 다 비우지 못했다. 밤이 될 때까지 내 속의 고등어 냄새는 사라지지 않았다.

다음 날 급식 줄에 선 기분이 유쾌하지 않았다. 급식판을 들고 "조금만 주세요"라고 말했다. 왜 그것만 먹냐는 친구에게 "속이 안 좋아"라고 답했다. 모두가 아무렇지 않게 넘어갔다. 비슷한 날이 계속됐다. 음식을 보면 고등어의 비린내가 생각났다. 비린내는 나를 불쾌하게 만들었다. 자꾸 배가 얹힌 듯 꽉 막힌 느낌이 들며 메스꺼웠다. "못 먹겠어." "조금만 먹을래." "그만 먹을래." 점점 급식을 남기는 날이 잦아졌다.

음식을 남긴다는 것. 그 평범한 행위가 내겐 익숙하지

않은 '사건'이었다. 그동안 나는 주어진 몫이나 역할을 전부 해내려고 애쓰며 살아왔기 때문이다. 주어진 일이 벅차더라도 무리해서 끝마치는 것이 나에게는 익숙하고 당연했다. 급식으로 받은 음식을 남긴 일은 나에게 주어진 것을 거절하고 거부한, 주어진 일을 중심에 두는 대신 나의 기분과 느낌에 집중한 '자기중심적' 행동이었다. "그만 먹을래"라는 쉽고 단순한 말은 내게 작은 성취를 불러일으켰다. 나도 주어진 것을 거부할 수 있다는 발견. 나도 타인의 요구를 거절할 수 있다는 깨달음. 꽉 막힌 마음에 작은 숨구멍이 생긴 것 같았다.

변화는 다른 곳에도 생겼다. 평소에는 감각되지 않던 마음의 상태가 느껴졌다. 울적했고, 무력했다. 책을 봐도, 컴퓨터 게임을 해도, 텔레비전을 틀어도 재미가 없었다. 당연하게 여겼던 학교가 싫어졌다. 어느 날부터는 웃음이 지어지지 않았다. 더 이상 친구와 팔짱을 끼거나 숙제를 열심히 하고 싶지 않았다. 내가 하루 종일 기다리던 엄마의 발소리가 싫어졌다. 퉁명스러운 얼굴로 엄마를 대했다. 항상 엄마 품에 안겨 있어야 잘 수 있던 내가 엄마에게서 등을 돌린 채 잠을 잤다. 엄마가 부르는 "딸"이라는 소리를 들으면 숨이 막히는 느낌이 들었다. 엄마의 눈을 외면하는 날이 늘어갔다. 무작정 엄마가 미워졌다.

주변 환경이 갑작스럽게 변하는 시기였다. 첫 연애가 예고 없이 끝났다. 마음을 의지했던 친구가 도시로 전학 갔다. 학년이 바뀌며 반도 바뀌었고 같이 교실을 쓰는 사람도 바뀌었다. 시골의 작은 학교였기에 다 아는 친구들이었지만 가장 가까운 친구가 없는 학교는 공허하게 느껴졌다. 변화를 가로막는 방법은 보이지 않았다. 내 의지로 막을 수 있는 것들이 아니었다. 밀려오는 쓸쓸함을 다루기에 나는 너무 어리고 서툴렀다. 혼란스러웠다. 급변하는 주변과 무관하게 흔들림 없이 나를 지키고 싶었다.

나는 지켜낼 첫 번째로 몸을 떠올렸다. 몸은 내 의지로 움직이거나 바꿀 수 있는 가장 확실한 대상이었다. 난 스스로와의 약속을 만들었다. '하루에 30분씩 뛰기.' 무기력하고 우울한 마음이 올라올 때마다 자리에서 일어나 제자리 뛰기를 했다. 내 스스로 만들어낼 수 있는 유일한 활기였다. 뛰다 보면 땀이 났다. 땀이 흐르면 뭔가 해낸 기분이 들었다. 다시 활동적인 내가 된 것 같았다.

살을 빼겠다는 목적은 없었다. 변화한 것들을 되찾고 나를 지키고 싶었을 뿐이다. 무기력하게 자리에 앉아 있는 모습에서 벗어나 할 일을 열심히 성실하게 하는, 목표를 세우고 성취하던 때의 모습으로 돌아가고 싶었다. 숨이 가빠 멈추고 싶다가도 땀이 만져지면 안심했다. 땀이 날 만큼 무언가를 한 거니까. 쓸모 있고 싶어서, 열심히 살고 싶어서, 해내고 싶어서 제자리 뛰기를 멈출 수 없었다.

여느 날과 같았던 저녁, 내 머리보다 입이 먼저 나서서 엄마에게 말했다.

"나 학교 그만둘래."

차마 엄마에게 '나 아무것도 하고 싶지 않아'라고 말할 수 없었다. 엄마는 학기가 시작되기 전에 이미 내게 자퇴를 권한 적이 있었지만, 그때는 강력하게 거부했다. 그러고는 한 달 만에 학교를 그만두겠다고 말한 것이다. 그날의 상황이 구체적으로 기억나지는 않는다. 확실한 건 엄마는 큰소리를 내지도 않았고 화를 내지도, 울거나 걱정을 말하지도 않았다. 어떤 일이 있었던 건 아닌지, 심경에 무슨 변화가 있는지, 학교를 그만두고 하고 싶은 게 있는지와 같은 질문하나 없이 자퇴가 결정되었다. 마치 "엄마, 나 이제 잘래" 하는 것처럼 예정된 것을 하듯 빠르고 간단하게. 나는 다음 날부터 학교에 가지 않았다.

중학교는 의무교육이라서 자퇴서를 쓰는 대신 '정원 외관리자'로 등록되는 동의서를 작성한다. 조건은 90일간의 무단결석. 동의서를 쓰고 나면 학생증 대신 청소년증을 발급받을 수 있고 검정고시에 응시할 자격이 주어진다. 90일

뒤 방문한 학교는 하나도 변한 게 없었다. 나를 바라보는 선생님들의 시선은 크게 달라져 있었지만 말이다. 모범생으로 지내던 학생이 갑자기 학교에 나오지 않다가 자퇴한다고 해서 당황하기도 했을 것이고, 몇 달 사이 깡마른 내 몸을 보고 놀라기도 했을 것이다. 걱정 가득한 교사들의 시선이 불편했지만, 개운하기도 했다. 마침내 저들의 평가를 의식하지 않고 살아갈 수 있게 되었다는 해방감이었다. "정말로 학교 그만 다닐 거냐?"라는 학생부장의 질문에 단호한 얼굴로 "네"라고 답하며 다짐했다. 학교 밖에서도 잘 살아낼 것이라고.

학교를 벗어나 내가 가장 처음 맞닥뜨린 어려움은 하루를 나 혼자 보내야 한다는 부담감이었다. 내겐 형제도 없었고 엄마는 아침에 출근해 밤에 돌아왔다. 주변에 탈학교를 해본 사람은 없었다. 일과를 어떻게 보낼지 상의하거나 조언을 구할 사람 없이 맞닥뜨린 하루는 길고 막막했다. 텅 빈 집에서 내 의지로 어떻게 할 수 있는 것은 '나'뿐이었다. 나는 내 몸에 점점 더 집착했다. 몸을 지키기 위한 규칙이 하나둘 늘어났다.

아침에는 7시 반에 일어난다. 물 한 잔을 먹고 사과를 한 개 먹는다. 밥 1/3공기, 반찬, 채소 위주의 식단을 따른다. 밥을 먹고 집 청소를 한다. 11시쯤 점심을 준비한다. 대부분의 시간은 서 있음으로써 바깥 활동을 하는 사람들만큼 에너지를 소모한다. 밤 9시쯤에는 스트레칭 운동을 15분 이상을 한다. 혈액형 O형에게는 다시마, 고등어, 시금치가 다이어트 음식이니 즐겨 먹는다. 저녁 8시 이후에는 음식을 먹지 않는다.

'나는 지금 나를 지키고 있는 거야. 흐트러지지 않는 일상을 위해 나를 관리하는 거야. 학교 밖에서도 난 잘 해낼 수 있어. 누구의 도움 없이도 하루를 잘 보낼 수 있어.' 혼자 있는 동안 내가 신뢰할 수 있는 것은 오직 나의 의식과 규칙뿐이었다. 스스로 세운 촘촘한 규칙들에 통제받는 느낌 속에서 나는 안정감을 가졌다. 날이 갈수록 규칙은 늘어갔고 나의 하루는 규칙을 중심으로 돌아갔다. 하나라도 완벽하게 하지 못하면 불안을 느꼈다. 나와 함께 엄마는 덩달아 매일 긴장 상태에 있어야 했다.

엄마와 나의 저녁 식사는 항상 저녁 6시 엠비시 라디오 〈배철수의 음악캠프〉와 함께 시작되었다. 내가 만든 또 하나의 규칙이었다. 6시를 알리는 소리가 들리면 '난 만족할 수 없다'는 가사 "I can't get no satisfaction"*이 반복되는

---

* 비엔나 심포닉 오케스트라 프로젝트Vienna Symphonic Orchestra Project, 〈(I Can't Get No) Satisfaction〉.

오프닝송이 시작된다. 종종 엄마는 라디오 오프닝송이 끝나기도 전에 식탁에서 일어났다. 나는 닫히는 현관문 소리를 뒤로한 채 꿋꿋이 밥을 씹었다. 두 숟갈 남짓한 밥을 30분 동안 나누어 꼭꼭 씹어 삼켰다. 배철수 아저씨의 목소리를 들으며 설거지를 했다. 조용한 집을 가득 채우는 배철수 아저씨의 낮고 개구진 목소리가 엄마의 빈자리를 메웠다.

거식증적인 생각입니다

나는 나의 몸을 미워하거나 싫어하고 싶지 않았다. 남들에게 혐오감을 불러일으키는 그 몸엔 나의 이유가 있었다. 내 몸은 하나의 증거였다. 무언가를 호소하고 부정하고 거부하려고 하는 나의 마음과 열정을 몸은 고스란히 보여주고 있었다.

"그만 퍼."

"이 정도는 먹어야지, 채영아."

"너무 많아. 배 아파."

"안 돼."

"싫어."

"이렇게 먹고 어떻게 살아!"

나의 식사 규칙은 점점 늘어갔다. 위가 아프다는 이유로 밥공기에 담는 밥 양은 점점 줄었고 그 문제로 엄마와 갈등하는 날이 잦아졌다. 나는 주방에서 점점 엄마를 몰아냈다. 처음엔 주방 안에서, 이후엔 주방 밖에서 이뤄지는 엄마의 모든 호의와 노력을 거절했다. 난 그렇게 엄마가 나에게 해 줄 게 없다는 걸 확인시켰다. 엄마는 더 이상 나의 양육자가 될 수 없음을, 나는 이미 엄마가 주는 대로 먹는 착한 딸이 아님을 몸으로 보여줬다. 식사를 조절하는 일은 단순히 먹는 양이나 무엇을 먹는가의 문제가 아니었다. 내가 나를 통제할 수 있다는 것을 눈으로 확인하고 다른 사람들에게 증명하는 일이었다. 엄마의 걱정은 날이 갈수록 깊어졌다. 엄마의 걱정은 나를 예민하게 만들었고 나의 예민함은 엄마를 지치게 했다.

어느 밤, 컴퓨터 타자 소리와 마우스 클릭 소리에 잠에서 깼다. 컴퓨터 방에 불이 환하게 켜져 있었고, 엄마는 잠자리에 없었다. 나는 자리에서 일어나 컴퓨터 방으로 갔다. "엄마 뭐해?" 엄마는 울고 있었다. 다시 잠자리에 누우려는데, 갑자기 엄마가 내 팔을 움켜쥐고 나를 체중계 위로 데려갔다. 체중계의 핀은 38이라는 숫자를 가리키고 있었다.

"이게 네가 원하는 거야? 이게? 이거 보여?"

엄마는 내 앞에서 몸을 웅크린 채 울부짖었다. 나는 체중계 위에서 미동 없이 그저 서 있었다. 38. 그건 내게 숫자에 불과했다. 목표 달성도, 복수의 성공도, 위험 신호의 의미도 아니었다. 38이라는 숫자 앞에서 엄마가 왜 그렇게까지 우는지 이해할 수 없었다. 속으로 생각했다.

'엄마가 또 별거 아닌 일로 호들갑을 떨고 있구나.'

나는 나를 믿고 있었다. 내가 정한 규칙 안에서 나는 건강했고, 무엇보다 내 힘을 느낄 수 있었다. 그래서 두렵지 않았다. 엄마의 눈물도, 절망 섞인 목소리도, 나를 움켜쥔 손도 내 마음을 흔들 수는 없었다.

평소 겉으로는 몸에 불만이 있는 듯 말하곤 했지만 그건 주변에 거만한 아이로 보이고 싶지 않아서 선택한 말일 뿐이었다. 사실 난 내 몸에 자부심을 느끼고 있었다. '내 다리는 충분히 길고 내 몸매는 충분히 날씬해.' 남과 몸이 비교되기 전까지 난 거울 속에 있는 내 몸을 두고 비난의 말을한 적이 없다.

"어? H 다리가 채영이 다리보다 길다!" "얘, 채영이 좀 봐. 저렇게 날씬하잖아." "채영이 더 예뻐졌다 했더니 살이 빠졌구나!" 이 같은 말들은 오랫동안 뇌리에 남아 나를 휘둘렀다. 한때 여자 연예인의 신체 양식 같았던 168센티미

터에 48킬로그램이라는 구조에 나를 꿰맞추고 싶기도 했다. 그렇다고 살을 빼고자 결심하지는 않았다. 몸매와 몸무게는 '나'를 이루는 것 중 일부에 불과했고 거기에 집착할 이유는 없었다. 몸매보다는 친구들이, 몸무게보다는 성적이 더 의미 있고 나를 설명하는 데 중요했으니까.

그러나 친구와 성적, 학교생활 등 그동안 내가 중요하게 여기던 것들이 전부 가치와 의미를 잃은 순간, 새로운 중심이 필요했다. 내가 좌지우지할 수 없는 사람들의 말이나 기준보다는 통제할 수 있고 변하지 않는 것을 선택하고 싶었다. 내가 선명히 느낄 수 있고 예측할 수 있는 확실한 것. 날 불안하게 만들지 않고 절대 떠나가지 않을 무엇. 그렇게 나의 몸은 내가 집중하는 1순위 목표가 되었다. 내가 만든 규칙들은 내 몸을 작게 만들거나 나의 여성성을 거세하거나 다이어트를 위한 게 아니었다. 그것들은 공허한 하루 속에서 나를 흐트러뜨리지 않고 변화하는 세상으로부터 나를 지키고자 하는 노력일 뿐이었다. 살이 빠진 건 내게 목표도, 성취도 아니었다. 그저 나만의 생활을 만들려고 했던 노력의 부산물이었다.

엄마의 손에 이끌려 P 병원에 들어갔다. 엘리베이터를 타고 내리자마자 마주친 광경은 중환자실 앞에 모여 숨죽

　　　　　　　1부 | 이야기의 시작

이고 있는 사람들이었다. 그 맞은편에 내가 가야 할 병동이 있었다. 유리문을 열고 들어갔다. 의자에 앉아 있는 사람 전부 죄라도 지은 표정으로, 들키지 않아야 할 것이 있는 사람처럼 몸을 웅크린 채 조용히 있었다.

'내가 여기 왜 있는 거지? 저 마른 아이는 누구지? 엄마는 왜 울려고 하는 거지?'

원장실 문을 열고 들어가니 하얀 얼굴에 얇은 테의 안경을 쓰고 까만 단발머리를 한 의사가 연습된 미소로 나와 엄마를 맞이했다. 커다란 책상 앞에 놓인 의자에 앉아 등을 꼿꼿이 세우고 엄마와 의사가 나누는 말을 들었다. 언제부터 음식을 줄이기 시작했는지, 몇 달 동안 몇 킬로그램이 빠진 것인지 등등. 엄마는 눈물을 흘리며 호소하듯 의사에게 말했다. 진단명은 거식증이었다. 의사는 거식증이 얼마나 위험한 병인지, 사망률이 몇 퍼센트 정도 되는지, 회복까지는 어느 정도의 시간이 걸릴지 읊었다. 나는 얼굴을 찌푸렸다. 내 몸에 38킬로그램이라는 몸무게가 얼마나 위협적인지, 단기간에 많이 살이 빠져서 회복이 어려울 거라든지, '그러나' 완치는 가능하다든지 하는 의사의 말이 전부 불쾌하게 느껴졌다. 나의 의사를 묻지 않고 나를 병원에 끌고 온 엄마에게 화가 났고 의사의 모든 말이 협박처럼 느껴졌기 때문이다.

"넌 문제야. 넌 틀렸어. 넌 고쳐져야 해. 엄마는 한계야. 넌 정말 위험한 아이야!" 의사의 말들이 나를 향한 비난으로 들렸다. 의사의 말에 울음을 멈추지 못하는 엄마를 보면서는 화가 났다. '엄마에게 나의 심각성을 그렇게 위협적으로 말하면 어떡하죠? 내 엄마는 약하다고요. 엄마는 나밖에 없는 사람이라고요. 난 죽을 생각이 없는데 죽을지도 모른다고 말하면 어떡하죠? 내 엄마의 삶을 당신이 책임져줄 건가요? 난 엄마를 책임져야 해요. 비록 지금 나와 엄마는 사이가 좋지 않지만 결국엔 내가 엄마를 지켜내야 한다고요. 당신이 뭔데 우리 모녀에게 그렇게 무서운 단어들로 겁을 주는 거죠? 당신이 우리에 대해 뭘 안다고!'

의사는 "당장 입원"할 것을 권했다. 병원비는 기본적으로 한 달에 200만 원이라고 했다. 거기에 입원실과 추가 치료 비용을 더하면 300만 원에 가까운 돈이 들어갈 것이다. 말도 안 되는 일이었다. 엄마는 이제 막 정규직이 된 대안학교 교사였고, 우리에게 그 정도의 여윳돈이 없다는 걸 난 충분히 알고 있었다. 젖은 눈으로 날 보며 입원하자는 엄마, 단호한 눈으로 입원해야만 한다는 의사. 모든 게 마음에 들지 않았다. 나는 날 선 눈빛과 목소리로 불쾌감을 표현했다. 의사는 내가 "심한 저항감"을 갖고 있으며 병이 깊어 보인다고 말했다. 그 순간 나는 깨달았다. 내가 지금 어떤 표정을 짓든, 어떤 감정 표현을 하든 모든 건 병의 징후로 이해되는구나. 난 이미 여기서 '박채영'이 아니구나. 난 그저 '거식증 환자'일 뿐이구나.

혼자 있을 시간이 필요했다. 고민해보겠다는 말을 남기고 원장실을 나왔다. 병원 1층으로 내려가 명동 거리를 걸었다. 내겐 아직 가보고 싶은 곳도, 보고 싶은 것도 많은데. 병원에 갇혀 있을 여유가 내겐 없는데. 난 어떤 선택을 해야 할까? 하염없이 우는 엄마의 얼굴이 자꾸 떠올랐다. 문득 내가 뭔가 실패했다는 생각이 들었다. 내가 원한 건 불행이 아니었다. 그저 내 마음대로 살아보고 싶었을 뿐이다. 내 자유가 엄마를 불행하게 한다면 그건 내가 바라던 자유가 아니었다. 병원에 온 이상 난 이미 거식증 환자다. 엄마는 나를 그런 눈길로 바라보고 평가하고 판단할 것이다. 집으로 돌아가기엔 늦었다. 엄마와 나에게는 또 다른 지옥이 시작될 거야. 거칠게 땅을 박차던 발걸음을 멈추고 몸을 돌려 병원으로 향했다.

유리문을 열고 환자 대기실로 들어가자 엄마가 초조한 얼굴로 로비 소파에 움츠리고 앉아 있었다. 엄마에게 다가가 말했다. "입원할게." 오랜만에 엄마의 얼굴에 화색이 도는 순간이었다.

입원 수속은 빠르게 진행됐다. 진료실 반대편에 있는 유리문을 열고 들어가니 병실과 입원한 사람들이 있었다. 나는 몸무게와 키를 재고 환자복을 받았다. 165/37. 엄마는 한숨을 쉬며 "더 빠졌네"라고 말했다. 나는 환자복을 들고 화장실로 가 옷을 갈아입었다. 거기서 아주 오랜만에 거울을 통해 내 몸을 바라봤다.

튀어나온 골반, 도드라진 쇄골, 팔꿈치보다 얇은 팔뚝, 무릎보다 얇은 허벅지. 하얀 것을 넘어 투명한 피부. 그 사이로 보이는 파란 핏줄들. 엉덩이를 만지니 밖으로 튀어나온 꼬리뼈에 얇은 굳은살이 박여 있었다. 환자복에 들어간 내 몸은 유난히 작아 보였다. 소매를 걷고 걷고 또 걷어도 팔 한 개가 더 들어갈 만큼의 공간이 남았다. 막연하지만 본능적으로 알 수 있었다. 내게 변화의 시간이 찾아오고 있다는 것을. 더 이상 지난 몇 달처럼 지낼 수 없음을.

침대에 앉아 주치의에게 치료에 대한 설명을 들었다. 하루 세 번의 밥과 세 번의 간식을 먹는다. 매일 참여할 수 있는 액티비티가 있다. 치료의 첫 단계는 주어진 밥을 다 먹는 것, 퇴원까지 중요한 목표는 살을 찌우는 것이었다. 의사는 내가 당연하게 여겼던 생각들을 병의 증상인 것으로 분류하고 설명해줬다. 칼로리를 계산하고 먹은 후 칼로리 소비를 해야겠다고 생각하는 것, 적게 먹고 싶어 하고 양을 조절하는 것, 허기를 참는 것. 모두 '거식증적인 생각'이었다. 내가 진료실에서 보였던 극단적인 감정 기복도 증상 중 하나라고 했던 것 같다.

2007. 05. 27.

오늘 P 병원에 입원했다. 정신과 병동 ㅋㅋ. 생각보다 괜찮다. 아직은…… 무지하게 따분하다는 거 빼고. 대단히 할게 없다. 거식증이라서 다니는 것도 제한되고.

병원비가 한 달에 200이란다…… 빨리 낫고 나가야 되는데…… 나를 빨리 이겨야 되는데……

섭식장애로 입원한 사람 중 내가 막내고 내가 제일 못생겼다…… ㅠㅠ 내가 제일 말랐다.

한 언니는 거식증에 우울증까지 왔다. 거식증은 지금 거의 치료됐고 우울증이 더 심한 상태인 것 같다. 나한테도 올 수 있는 모습이다. (…) 내일도 Kcal이라는 것을 걱정하고 신경 쓸 테지만 넌 많은 사람이 인정한 의지 강하고 기 센, 강한 아이야. 정신 차리고 해보자!

내게 주어진 입원 생활은 음식을 중심으로 돌아갔다. 아침 7시에 일어나 7시 30분쯤 아침을 먹고 10시 30분쯤 오전 간식을 먹은 후 12시에 점심을 먹는다. 3시에 오후 간식을 먹고 6시에 저녁을 먹은 후 8시에 저녁 간식을 먹고 잘 준비를 한다. 모든 섭식장애 환자는 별도의 방에서 같이 밥을 먹고 같은 소파에 앉아 있어야 했다. 식판 오른쪽에는 환자의 이름과 하루 동안 배식될 음식의 칼로리가 적혀 있다. 모든 음식을 먹은 후엔 복도에 놓인 소파에 앉아 30분을 보내야 했다. 그동안은 화장실에 갈 수 없었다. 구토를 방지하기 위한 것이었다.

밥을 먹고 나면 환자들 모두 병실에 들어가 30분 동안 할 일을 들고 와 소파에 앉는다. 누구는 십자수를, 누구는 책을 들고 오고, 누구는 엄마와 함께 앉아 시간을 보낸다. 30분이 끝났다고 간호사가 알려주면 몇몇은 복도를 거닐기 시작한다. 복도를 걸으며 엄마와 대화하거나 음악을 듣는다. 복도가 넓지 않아 한 번에 두 명 이상 걸을 수 없기 때문에 누군가 이미 걷고 있으면 병실에서 밖을 주시하다가 순서를 잡아 걷는다. 너무 오래 걷는 것 같으면 간호사의 저지가 들어온다.

"○○○ 환자님 조금 앉아서 쉬었다가 다시 하세요."

오전 간식을 먹은 후엔 액티비티에 참여할 수 있었고 오후엔 별다른 일정이 없었다. 첫 몇 주 동안은 입원 병동 밖으로 나갈 수 없었고 복도를 걸어 다니는 것이 내가 할 수 있는 활동의 전부였다. 식사 후 소파에 앉아 있는 시간 외에 나는 대부분의 시간을 서 있었다. 십자수도 침대에 연결된 식사용 테이블에 도구를 올려놓은 채로 서서 했다. 침대에 앉아서 편하게 십자수를 하고 소파에 등을 기댄 채 사람과 얘기를 나누기까지 약 2주의 시간이 걸렸다.

병원에서 갑자기 그렇게 행동한 것은 아니었다. 입원 전, 집에서도 거의 앉아 있지 않았다. 끊임없이 무언갈 하거나 밖을 걸었고 앉아서 밥을 먹거나 텔레비전을 볼 때는 허리와 배에 힘을 준 상태를 유지했다. 차를 탔을 때도 마찬가지였다. 등을 의자에 기대지 않고 배에 힘을 주고 다니는 것. 인터넷에서 찾은 '여자 연예인들의 뱃살 관리법' 중 하나였다.

2007. 06. 07.

(…) 이제 행동(서 있는 것)을 제한받고 그래서 찾은 지금의 내가 있다. 아직 내가 살을 무서워한다는 것. 먹은 후 열량을 소비하려 한다는 것…… 오늘 갑자기 예전의 나를 다시 보게 됐다. 마음을 다스리는 것에 신경을 너무 적게 썼나 보다. 정말이지 절망스럽고 무섭고 나에게 실망스럽다. 다시 예전으로 되돌아갈까 봐 무섭다.

(…) 이렇게 힘들 줄 몰랐다. 이렇게 쉽게 마음이 느슨해질지 몰랐다. 근데 쉬운 게 아니다. 지금 너무 혼란스럽고 무섭다. 그렇다. 행동을 제한받으니 살이 걱정되었다. 그리고

남이 움직이는 게 탐났다. 가만히 있는 게 겁난다. (…) "몸이 건강해야지." "많이 먹고 10킬로그램만 쪄." 이런 병실 사람들의 말이 신경 쓰인다. 어떤 것은 비수가 되어 꽂힌다. 점점 눈치가 보인다.

'거식증 환자'라는 진단명은 나의 자의식을 놀랍도록 빠르게 바꿔놓았다. 내가 나를 지키고자 만들었던 규칙과 원칙들은 모두 병의 증상이 되었고 나는 순식간에 나를 불신하게 되었다. 자신감 대신 자책이 늘었고 평소 서 있거나 걷거나 음식을 생각하는 것으로 막아왔던 우울이 불쑥불쑥 올라와 눈물이 났다. 나를 우울하게 만든 데는 입원해 있는 동안 매일 찾아온 이모들 탓도 있었다. 나를 보고 우는 이모들, 나를 안쓰러워하는 이모들, 내가 겪고 있는 병을 무서워하는 이모들, 매일매일 잘 먹고 살쪄야 한다는 이모들이 떠나고 나면 마음이 무겁게 내려앉곤 했다. 내가 모두를 불행하게 만든 기분이 들어 슬펐다. 내가 나를 망쳤다는 느낌에 화가 났다.

퇴원까지 한 달 하고도 몇 주의 시간이 걸렸다. 퇴원할 즈음 나는 겨우 40킬로그램이 조금 넘는 몸무게에 도달했고 너무 천천히 살이 찌는 나를 모두가 걱정했다. 퇴원하기 전, 내가 받은 식판에는 "2200Kcal"가 적혀 있었다. 주어

44

진 걸 다 먹고 겁에 질려 울었던 날이 생생하다. 분명 먹는 양은 점점 늘고 있는데 왜 배부른 느낌은 비슷한 걸까. 내 몸은 어떻게 된 걸까. 이러다 폭식증이 되는 건 아닐까? 두려웠다. 그 공포감 또한 거식증의 일부라는 말은 나를 위로하기는커녕 좌절시켰다. 한 달간의 노력이 전부 부정당하는 느낌이었다.

2007. 06. 21.

요즘 이런 궁금증이 많아졌다.

밖의 사람들은 일반인들은 나와 어떻게 다른가? 그리고 점점 비슷해져가는 것 같은 나를 발견하면 기분이 좋고 안심이 된다. (…) 정신병에 과연 '완치'라는 게 있는가? 궁금하다. 완치가 있는지. 신체는 완치의 기준이 있지만 정신적인 것은 무엇을 기준으로 판단할까? 궁금하다. 그리고 겁난다. 재발은 앞으로 없는가?

2007. 06. 22.

세상에서 뭐가 제일 무섭냐고 물으면 내가 제일 무섭다고 할 거다. 사실인 것 같다. 나는 내가 어떻게 변하는지, 잘되는지 잘못되는지 모른다. 남은 나를 알 수 있지만 스스로 못 느끼면 나는 모른다. 그래서 더 혼란스럽다.

병과 내가 혼연일체가 되어 분리해내기 어렵다는 것. 끊임없이 나를 의심하고 알아차려야 한다는 것. 섭식장애 치료가 어려운 이유다. 그 과정에서 우울감을 비롯해 온갖 감정을 겪게 된다. 식사라는 일상의 기본적인 부분에 문제가 생긴다는 것은 매일, 최소 하루 세 번 전쟁 같은 시간을 겪는다는 것을 의미한다. 이 자체로 충분히 피곤한데 그 외에도 움직임, 생각, 욕구와 감정 등을 계속 의식해야 한다. 스스로를 다그치는 나와 토닥이는 내가 동시에 필요하다. 나를 완전히 부정하는 동시에 온전히 수용해보려 애써야 한다. 처음엔 주변 사람들의 격려와 관심이 많은 힘이 되지만 어느 지점을 넘어가면 타인의 응원이 소용없어지는 시기가 온다.

밥 먹기에 익숙해지고 주변 사람들이 내 체중에 많은 관심을 둘수록 내겐 의문이 생겼다. 내가 남을 위해 먹는 것인가? 내가 엄마를 위해 이렇게 하는 걸까? 나를 위한 게 뭐지? 이젠 잘 먹는데 마른 몸이 뭐가 문제인 거지? 나의 식사와 체중, 일상의 모든 행동이 칭찬거리와 문제행동으로 나뉘는 것 같아 불편했다. 체중도 거식증을 진단하는 하나의 척도이며 체중이 늘지 않을수록 퇴원이 늦춰질 수 있다는 말에 크게 실망하기도 했다. 외모와 체중에 지나치게 관심을 두는 것이 거식증의 문제라면, 그러니까 진짜 문제가 나의 내면이라면 체중과 식사량을 늘리는 데 이렇게 심혈을 기울일 이유는 뭘까?

퇴원 후 나는 살이 찌지 않았다. 음식을 잘 먹고 있는데도 체중이 정체되어 답답했다. 만나는 사람마다 나의 몸무게와 식사량에 관심을 가졌다. 퇴원 후 입원하기 전보다 몸무게를 생각하는 날이 많아졌고 먹는 양을 의식하는 순간이 늘어갔다. 그 중심엔 타인의 시선이 있었다. 나를 중심으로 생각하고 규칙을 만들었던 시절이 끝나고 남의 시선에 의해 내 행동이 평가되는 시절이 시작됐다. 사람들의 관심이 내게 모일수록 숨고 싶었다. 사람들의 시선 속에서 나는 점점 소외됐다.

체중이 늘지 않는 나의 몸을 원망했다. 먹는다는 행위를 원망했다. 음식과 몸무게는 내가 '정상'임을 증명하는 유일한 방법이자, 내가 나를 잘 관리하고 있는지 확인하는 지표였다. 나는 끊임없이 음식과 씨름해야 했다. 음식을 잘 먹게 됐지만 음식에 대한 감정은 점점 나빠지고 있었다. 퇴원 후에도 입원 전과 마찬가지로 나의 식사는 전쟁터였다.

미술 치료 시간은 내가 병원에서 가장 좋아한 치료 시간이었다. 부드러운 상담 선생님의 목소리를 들으면 마음이 편안해지고 내 모든 게 수용되는 기분이 들었다. 각종 도구로 종이에 그림을 그리다 보면 생산적인 일을 하는 것 같아 성취감을 느꼈다. 그림에는 무의식이 담겼다. 그림을 설명하다 보면 과거의 기억과 감정이 자연스럽게 살아났다. 굳이 말로 하지 않아도 마음을 전달할 수 있다는 점이 좋았다. 말은 왜곡되거나 곡해될 수 있지만 그림은 눈으로 보기에 왜곡되지 않는다. 해석할 수 있는 여지가 넓은 그림판은 상담 선생님과 나만의 조용한 소통 공간이었다. 종종 상담 선생님과 그림을 같이 그리는 날이 있었는데 무언의 소통이 느껴져 짜릿했다. 세상을 살아간다는 것이 그림을 그리는 것처럼 누구도 해하지 않고 누구도 아프게 만들지 않을 수 있으면 좋겠다고 생각했다.

"다음 주까지 42킬로그램이 넘지 않으면 미술 치료를 중단할 거예요"라는 담당의의 말은 그래서 상처가 되었다. 몸무게가 빌미가 되어 가장 좋아하는 것을 빼앗길 상황에 화가 났다. 나의 일부에 불과한 몸이 나를 대표하게 되어버린 상황과 의사의 권위로 내게서 소중한 것을 빼앗을 수 있다는 데 화가 났다. 병원 치료가 도리어 체중을 나의 전부로 만들고 있는 기분이었다. 치료에 회의감과 배신감을 느낀 나는 병원 밖에서 나만의 치료 방법을 찾기로 결정했다.

상상해본다. 만약 그때 몸무게가 치료 효과의 중요한 척도가 아니었더라면, 식사가 체중 증가를 목표로 둔 레이스로 느껴지지 않았다면, 그래서 엄마와의 식사가 긴장과 눈치 싸움의 연속이 될 필요가 없었다면, 나는 조금 더 일찍 음식과 화해할 수 있지 않았을까? 조금 더 일찍 먹는 나의 모습을 용서할 수 있지 않았을까?

씹다, 삼키다, 토하다

배가 찢어질 것 같을 때까지 음식을 먹어서 몸을 채우면 내게 힘이 있다는 걸 느낄 수 있었다. 이렇게 음식을 먹을 만큼, 이 음식을 사러 돌아다닐 만큼, 내겐 아직 힘이 있다. 나 아직 살아 있다. 그렇게 난 몸을 통해 나를 확인했다. 몸은 나를 느꼈다. 내겐 몸뿐이었다.

병원 밖은 음식으로 가득 찬 세상이었다. 나는 더 먹을 수 있을 것 같은 마음과 그만 먹어야 한다는 의식 사이에서 매일 갈등했다. 음식은 타인에게 나를 증명하는 수단이 되었다. 내가 스스로를 잘 조절하고 관리하고 있는지, 즉 병이 치료되고 있는지 확인하는 지표였다. 음식을 잘 먹게 됐지만 음식에 대한 감정은 안 좋은 방향으로 강화됐다. 퇴원 후에도 입원 전과 마찬가지로 나의 식사는 전쟁이었다. 심지어 나는 나를 방어할 수 없는 상태였다. 방어는 곧 거식증의 증상일 테니까. 이젠 누군가와 밥을 먹는 것 자체가 불편한 시간이 되어버렸다. 모두의 시선이 나의 밥그릇과 젓가락질하는 손, 음식을 먹는 나의 입을 향하고 있다고 느꼈다. 눈에 띄지 않으면 음식을 먹고도 먹지 않았다는 의심도 받았다. 잘 먹는데도 살이 찌지 않는 이유를, 나에게서 찾을 수밖에 없었다. 살찌지 않는 나의 몸을 원망했다. 먹는 게 일처럼 느껴졌다.

몸에 대한 신뢰는 점점 떨어졌다. 엄마가 주는 대로 먹다 보니 나의 포만감보다는 남은 음식을 기준으로 식사의 끝을 정했다. 밥을 먹을 때마다 사람들은 내 앞에 놓인 음식의 양에 관심을 가졌다. "이거 너무 많지 않아?" 나를 걱정한다며 하는 말들이 나의 불안에 불을 지폈다. 정상적으로 먹는 게 뭘까. 정량이라는 게 뭘까. 사람들은 배가 덜 부르면 덜 먹고 더 고프면 더 먹는다고 하는데. 내겐 그런 자연스러움도 거식증의 증상으로 보일 수 있었다. 차라리 배가 불러도 내 앞에 놓인 음식을 다 먹어야 한다는 의무감으로 꾸역꾸역 먹어내는 게 모두를 안심시키는 길이었다.

"너무 배부르면 남겨." 엄마가 생각할 때 너무 많은 양을 준 것 같은 날이면 엄마는 남겨도 된다는 말을 빼놓지 않았다. 엄마가 그렇게 말을 하면, 난 음식을 다 먹든 남기든 불안과 불편이 몰려왔다. 나의 식탐이 끝도 없이 커질 것 같아 불안했고 음식에 대한 절제력을 상실할까 봐 두려웠다. 나는 점점 스스로를 통제하는 힘을 잃고 있다고 느꼈다.

처음 폭식을 한 날, 내가 느낀 것은 두려움보다는 자유였다. 음식 앞에서의 자유, 자제력에 대한 불안과 강박으로부터의 자유, 케케묵은 감정으로부터의 자유. 내 의지로 냉장고를 열고 음식을 선택하고 집어 먹으면서 오랜만에 자율성을 발휘하고 있는 기분이었다. 구토 또한 아주 주도적이고 적극적인 행위였다. 내가 원하지 않는 것은 절대 소화하지 않겠다는 의지의 표현이므로. 구토를 통해 몸에 대한 통제권이 아직 나에게 남아 있음을 알 수 있었다.

집에 혼자 있는 시간은 반복됐다. 일상에서 불쑥불쑥 올라오는 불안과 매일 주어지는 체벌 같았던 '하루'라는 긴 시간을 혼자 감당해야 한다는 사실도 변함없었다. 변화라고는 찾아볼 수 없는 집에서의 생활. 수시로 얼굴을 들이미는 무기력. 하루에도 몇 번씩 가슴을 짓누르는 답답함, 치미는 억울함, 쓸쓸함, 화, 두려움, 외로움. 미래에 대한 막막함과 한 치 앞도 보이지 않는 '완치'의 길을 생각하다 보면 순식간에 감정이 몸을 압도했다. 이유 없이 패배감을 느끼다가 속상해 눈물이 났다. 그러면 서둘러 무언가를 해야 했다. 뿜어져 나오는 감정을 틀어막고 감각들을 잠재우기 위해서. 폭식은 감정에 압도당한 순간을 이겨내는 빠르고 확실한 방법이었다. 날이 갈수록 냉장고로 가는 횟수가 잦아졌다. 그만큼 화장실 문도 자주 열렸다.

폭식을 하며 나의 일상은 남에게 보일 수 있는 부분과 보일 수 없는 부분으로 나뉘었다. 그러나 아무리 열심히 숨기고 치워도 폭식과 구토는 흔적을 남겼다. 폭식과 함께 섭식장애를 정말 치료할 수 없을지도 모른다는 절망이 시작됐다. 병이 낫는 줄 알았는데 더 악화했다니. 나의 폭식이 주변에 알려지며 가족과 지인들도 절망감을 숨지지 못했다.

폭식의 힘든 점 중 하나는 나의 증상에 대해, 증상으로 가득 찬 일상에 대해 밖으로 말할 수 없다는 것이었다. 거식의 증상은 남들에게 보일 수 있었고 그것에 거리낌이 없었다. 거식을 치료할 때는 병과 싸우는 나를 지지해달라며 여러 사람에게 매달렸고 불안을 호소하며 울고불고 떼를 쓰기도 했다. 먹기가 두렵고 살찌고 싶지 않다고 울먹이면 모두가 나를 다독여줬다. 조금만 힘을 내라고, 잘해오지 않았느냐고. 그러나 폭식은 그 증상이나 어려움을 입에 담을 수도 없었다. '아까운 음식을 먹고 토하다니.' 사람들이 쉽게 납득하기 어려운 증상이라는 것은 누구에게 묻지 않아도 알 수 있었다. '지구 한쪽에서는 사람들이 굶어 죽고 있다는데. 역시 섭식장애는 귀족병이야.' 실체 없는 비난들이 머리를 채웠다. 폭식과 구토의 횟수가 늘어날수록 내 마음은 위축되어갔다.

나의 폭식이 주변에 알려지자, 치료가 어떻게 되고 있는지 묻는 사람들이 사라졌다. 그 대신 내가 화장실을 갈 때마다 모두가 긴장했다. 그 긴장감이 화장실에 앉아 있는 나에게까지 전달되곤 했다. 엄마는 나의 폭식을 눈치채고도 아무 말도 하지 않았다. 그 대신 열심히 변기를 닦았다. 한 점의 흔적도 남기지 않으려는 듯 매일매일 변기를 청소했다. 그렇게 하면 내 폭식이 사라지기라도 한다는 듯.

시간이 흐르며 난 점점 증상과 밀착됐다. 나만의 비밀이 늘어갔다. 사람을 만나고 대화하는 시간은 줄어갔다. 엄마의 눈엔 날마다 슬픔이 서려 있었다. 엄마를 바라보지 않는 날이 많아졌다. 괴물이 되어버린 기분이었다. 인간 세상에 사는 단 한 명의 괴물. 언어도 표정도 감정의 표현도 달라서 누구와도 소통하지 못하는 괴물. 새로운 증상으로 고립되어갔던 그때, 사실 나는 나를 포기하지 말아달라고 모두에게 애원하고 싶었다.

그날 저녁, 특별한 건 없었다.
여느 때와 같이 엄마는 저녁 식사 후
다시 출근했고 난 집에 혼자 있었다.

TV는 지루했고

밤은

길었다.

화가 났다.

앙상한 내 몸이
살 찌우라는 말들이
더 먹으라는 챙김에
더 먹어서 괜찮냐는 우려가
나를 바라보는 엄마의 슬픈 눈이
지루한 음식프로그램들이
먹고 싶어도 못 먹는 나 자신이 ····

텔레비전은 지루했고 밤은 길었다. 갑자기 화가 났다.
앙상한 내 몸이. 살찌라는 말들에. 더 먹으라는 챙김이.
더 먹은 게 괜찮냐는 우려가. 나를 바라보는 엄마의 슬픈
눈이. 지루한 음식 프로그램들이. 그런 프로그램만 골라
보는 나의 미련함이. 먹고 싶어도 먹지 않는 나 자신이……

냉장고에서 반찬 통을 꺼내 뚜껑을 열고 손으로
반찬을 집었다. 찐 고구마를 물도 없이 삼키고
또 삼켰다. 명치가 뻐근해지자 겁이 났다.
병원에서 들었던 사람들의 경고가 떠올랐다.
"거식은 폭식으로 빠지기 쉽대."

부엌에서 나와 화장실 문을 열었다.
이게 처음이자 마지막이 될 거라고 다짐했다.
그럴 수 있을 줄 알았다.

엄마가 폭식을 알아차릴까봐
소마조마 했지만
그런 일은 일어나지 않았다.

혼자 있는 시간은 반복 되었고

혼자
감당해야 하는 것들은
변하지 않았다.

엄마가 폭식을 알아차릴까 봐 가슴이
조마조마했지만 다행히 그런 일은 일어나지
않았다. 혼자 있는 시간은 반복됐고 혼자 감당해야
하는 것들은 변하지 않았다. 냉장고로 가는 횟수가
잦아졌고 그만큼 화장실 문도 자주 열렸다.

몸이 커질 것 같은 공포

2020. 03. 17.

살찌고 싶지 않다. 살에 신경을 많이 안 쓴다고 말했고 스스로 그렇게 생각하려 애썼지만, 나는 살찌고 싶지 않다. 이따금은 '살찔까 봐' 구토를 한다. 살. 그게 자꾸 걸린다. 살이 찌면 내가 실패한 사람이 되어버릴 것 같다. 실패의 표징이 체중 증가로 불어버린 몸인 것 같다. 눈에 띄는 몸매는 되지 못해도 눈초리를 받는 몸매가 되어버리고 싶지는 않다. 살찐 몸에 때려 박히는 사람들의 따가운 눈초리와 비수 같은 농담들을 난 안다. 그것의 대상이 되고 싶지 않다.

나에 대한 통제와 관리를 놓을 수 없다. 긴장을 놓아선 안 된다는 강박이 나의 행동들을 구성한다. 정신 차리자. 똑

바로 하자. 풀어지지 말자. 열심히 살자. 뭐라도 배워야 한
다. 멍청해지지 말자. 아무거나 먹지 말자. 아무렇게나 몸을
내버려두지 말자. 일어서라. 힘내라. 애써라. 책임져라. 끝이
없다.

난 자궁에서부터 불안정했다. 착상하지 못하고 자꾸 자
궁 밖으로 흘러 나가려고 했다. "아기집이 녹아내리고 있
다"라는 의사의 말을 듣고도 엄마는 나를 포기하지 못했다.
그 소식을 들은 엄마의 형제는 전국 팔도를 뒤져 용한 한의
원에서 약을 지어 왔다. 그 약 덕분이었는지, 엄마의 간절함
덕분인지, 한 달 뒤 다시 방문한 산부인과에서 나는 착상된
상태로 발견되었다. "어머, 붙어 있네?" 초음파로 나를 발
견한 의사의 첫마디였다.

이후에도 난 자꾸 엄마의 몸 밖으로 나오려고 했다. 몸
이 자랄수록 자궁 안에 자리를 잡아가는 게 아니라, 자궁 밑
을 향했다. 그래서 오랜 기간 엄마는 병원 침대에 누운 채
다리를 위로 들고 생활해야 했다. 밖으로 나오려는 나를 막
기 위한 방법이었다. 정작 출산 예정일에 나는 자궁을 떠나
지 않으려 했다. 출산 유도 주사를 맞아도 머리를 내밀지 않
았다. 결국 엄마는 제왕절개를 했다. 엄마는 내가 나오는 과
정과 순간을 전부 들었다. 메스가 엄마의 배와 자궁을 가르

고 의사가 손을 넣어 나를 쑥 빼내는 게 느껴졌다고 한다. "어머, 딸이네"라는 간호사의 말을 듣고서야 엄만 깊은 잠에 빠졌다.

새빨간 피부에 큰 얼굴, 북슬북슬한 머리카락. 어렵게 낳은 아이치고 나는 꽤 건강했다. 하도 얼굴이 크고 빨개서 신생아실에서도 한눈에 알아볼 수 있었다고 한다. 사촌 언니는 신생아를 본뜬 인형과는 너무 다른 내 모습에 울어버렸단다. 새로 생긴 동생의 오밀조밀한 얼굴과 손을 만질 생각에 들뜬 마음이 크고 벌건 나의 얼굴로 깨져버렸던 모양이다. 그렇게 난 많은 이의 기대와 실망 속에서 세상에 출현했다.

내가 태어났던 날, 분만실 밖에서 나를 기다린 건 아빠가 아닌 둘째 이모였다. 엄마가 산부인과에서 퇴원하던 날 우리를 데리러 왔던 것도, 병원비를 해준 것도 전부 둘째 이모였다. 엄마는 그날 아빠와 이혼을 결심했다고 한다. '이런 식의 삶을 딸에게는 보여줄 수 없어'라고 다짐하면서. 엄마와 나는 퇴원 후 곧장 이모 집으로 들어갔고 이후 다시는 아빠가 있는 구미에 내려가지 않았다.

엄마는 몸조리를 마친 후 바로 생업 활동에 돌입해야 했다. 중단했던 학업도 시작했다. 대학 강의를 듣다 새어 나오는 젖을 틀어막고 화장실로 뛰어갔다. 서둘러 변기에 젖을 쭉쭉 짜서 버리고 다시 강의실로 돌아갔다. 논술 과외를 마치고 나면 밤 10시가 훌쩍 넘었다. 엄마는 매일 밤 조심스럽게 둘째 이모 집에 들어와 허겁지겁 허기를 채우고 허겁지겁 나를 만졌다. 엄마는 자신이 먹던 음식을 갓난아이였던 내 입에 넣었다. 꿀꺽꿀꺽 엄마가 주는 걸 받아먹은 나는 새벽에 토하기 일쑤였다.

네 살 무렵까지 나의 주양육자였던 둘째 이모의 말을 들어보면 난 동네가 떠나갈 듯 소리를 지르며 뛰어다니던 아이였다. 저 멀리 하교하는 사촌 언니가 보이면 "언니!!!!!!" 하고 외치며 달려갔다. 어른들이 먹으려고 차린 밥상을 맨손으로 탐했다. 양푼에 비빈 밥을 숟가락 가득 떠먹었다. 종일 쉴 새 없이 떠들고 뛰고 춤추고 노래했다. 한번을 울어도 대차게 울었다. 30분은 기본, 1시간은 옵션. 울다가 내가 왜 울기 시작했는지 까먹어서 또 울고, 그러다 민망해서 웃어버리는 아이였다.

내가 네 살이던 해, 엄마는 이모 집을 나왔다. 거실이 넓고 해가 잘 들었던 이모 집과 달리 엄마와 나의 첫 집은 기본 옵션 하나 없는 반지하 방이었다. 가스레인지 대신 휴대용 가스버너에 밥을 했고 냉장고 대신 창틀에 반찬을 놓았다. 신문지 위에 상을 차리고 바닥에 앉아 밥을 먹었다. 지금도 가끔 그때 먹던 고추장에 비빈 밥이 생각난다. 뜨거운

　　　　　1부 | 이야기의 시작

흰쌀밥에 참기름을 두르고 고추장을 넣어 비비면 매콤 고소 달콤 짭짤 시큼한 세상의 모든 맛이 느껴졌다.

일을 해야 했던 엄마는 나를 맡길 곳이 필요했다. 나는 매일 아침 엄마 손을 잡고 집을 나와 낯선 집으로 들어갔다. 집주인 할머니 집, 엄마 친구 집, 엄마 친구의 지인 집. 내가 가는 곳은 다양했다. 달라진 환경은 나를 빠르게 변화시켰다. 난 뛰는 대신 조심조심 걸었다. 크게 울거나 웃는 대신 입을 닫고 숨죽여 울고 조용히 웃었다. 밥상에 햄이나 동그랑땡 같은 반찬이 있을 땐 내가 먹은 개수를 습관적으로 셌다. 혹시라도 남보다 내가 많이 먹을까 봐.

매일 들고 다니는 내 가방에는 스케치북과 크레파스, 색칠 공부 책이 들어 있었다. 내가 하루 종일 할 일이자, 내가 하루 동안 마음 편히 만질 수 있는 물건 전부였다. 나는 가져간 물건 외에는 잘 만지지 않았다. 내가 앉아도 된다고 들은 곳에만 앉았고 만져도 된다고 들은 것만 만졌다. 집에 갈 시간이 되면 내일 또 올 집임에도 불구하고 먼지 한 톨 안 남기고 짐을 챙겼다.

그때부터일 거다. 어른들이 나를 두고 성숙하다고 하기 시작한 것이. 어린애답지 않게 차분하고 참을성 있고 어른스럽다고. 종종 엄마의 친구들은 나를 안쓰러운 듯 바라보며 말했다. 엄마가 철이 없어서 어떡하냐고. 그때 난 그 모든 게 칭찬인 줄 알았다. 그래서 조금 더 어른스러워지려 노력했다. 조금 더 조용히 울고, 조금 더 아무렇지 않게 출근하는 엄마와 인사하고, 조금 더 야무지게 내게 주어진 일을 했다. 엄마는 나를 보살필 시간이 부족하니 내가 스스로를 챙겨야 한다고 생각했다. 얼른 커서 엄마의 보살핌이 필요 없는 아이가 되고 싶었다. 그래서일까. 난 또래보다 빠르게 혼자 씻고 머리를 묶고 등교 준비를 할 줄 알았다.

스스로 할 줄 아는 게 많아질수록, 엄마의 손을 덜 타는 아이가 되어갈수록, 엄마는 조금씩 멀어졌다. 나중에 들은 얘기로, 그 시절 엄마는 내가 1주일에 한 번쯤 생각났다고 한다. '어머, 내 딸 지금 어딨지?' 하는 식으로. 난 엄마의 눈동자를 통해 엄마의 부재를 알아차렸다. 몸은 내 옆에 있어도 엄마는 여기 있지 않다는 걸 텅 빈 엄마의 동공이 말해주고 있었다. 매일매일, 종일, 난 엄마가 그리웠다. 머리를 묶어줄 필요도, 씻겨줄 필요도, 칭찬해줄 필요도 없으니 딱 한 시간만이라도 온전한 엄마를 갖고 싶었다. 나는 헷갈렸다. 난 얼른 자라야 하는 것일까, 천천히 커야 하는 것일까? 기력 없는 눈으로 나를 바라보는 엄마를 위해서라면 난 하루빨리 어른이 되어야 했다. 반면 그리운 엄마의 손길을 갖기 위해서는 어린아이에 머물러야 했다.

다른 사람들의 집에 맡겨져 지내는 생활은 초등학교 2

학년 때까지 계속되었다. 점점 다른 가족이 살고 있는 집에서 지내는 생활에 익숙해졌다. 자주 가는 집이 생겼고 그 집이 편하게 느껴지기도 했다. 운이 좋게도 따뜻한 분들을 많이 만났다. 나를 대놓고 차별하는 사람은 거의 없었다. 같이 놀러 가고 생일 케이크의 촛불을 불고 편지를 나눴다. 점점 낮 동안 엄마를 잊고 지낼 수 있게 되었다.

그러나 어디까지나 내가 지내는 집은 '남의 집'이었다. 눕지 못하고 벽에 기댄 채 잠을 참을 때, 출출한데 냉장고를 열 수 없을 때, 갈아입을 옷이 없을 때, 문득 내가 하루를 보낸 곳이 내 집이 아님을 깨달았다. 반찬 투정을 하는 아이 옆에서 묵묵히 밥을 먹을 때, 이 집 식탁 위에 내가 고를 수 있는 음식이 없다는 걸 깨달았다. 밤이 되고 모두가 씻고 잘 준비를 하는데 아직 난 엄마를 기다려야 할 때, 분위기에 걸맞지 않은 내 몸이 부끄러워 차라리 사라지고 싶었다. 초조한 마음을 달래려 입술을 깨물었다. 입 안 속살에 치아 자국이 깊게 파일 때까지 입술을 꽉 물고 놓지 못했다.

아무리 친절한 사람들 속에 있어도, 다정한 보살핌을 받아도 나는 '없는 게 나은 사람'인 것 같았다. 몸을 이리저리 옮겨봐도 난 완전한 가족 속에 잠시 들어온 손님이었다. 이 집 아이들의 간식을 뺏어 먹는 들쥐였다. 이 집에서 저 집으로 옮겨 다니는 떠돌이였다. 하루의 대부분을 같이 보내는 사람들이지만 난 그들의 가족이 될 수 없었다. 손님과 식구 사이의 애매한 어딘가가 나의 자리였다. 방해되지도, 지나치게 눈에 띄지도 않는 적당한 선을 지키는 것이 나의 의무이자 역할이었다.

나는 언제나 사람들에게 고마움을 가져야 했다. 나를 받아줘서, 나를 보살펴줘서, 나를 먹여줘서 고마워해야 했다. 단 하나도 당연한 게 없었다. 집에 있을 때조차도 질문했다. 난 엄마에게 필요한 존재일까? 내가 없다면 엄마가 덜 고생하지 않을까? '불청객.' 내가 기억할 수 있을 때부터 나는 스스로를 그렇게 여겼다. 동시에 난 존재하고 싶었다. 당당하고 싶었다. 미안함을 느끼고 싶지 않았다. 당연한 사랑을 받고, 사랑을 받는 데 죄책감이나 두려움을 느끼고 싶지 않았다. 두 가지 욕구 사이에서 나는 혼란과 갈등을 반복했다.

몸이 작으면 조금만 먹고 조금만 쓰고 조금만 필요로 할텐데. 몸이 사라지면 마음을 들킬 리 없을 텐데. 아주 작아질 수 있다면 그렇게 되고 싶었다. 보이지 않을 수 있다면 그렇게 하고 싶었다. 하지만 아무리 몸을 모으고 웅크려도 몸은 자꾸 커졌다. 아무리 행동을 작게 해도, 움츠려도, 조금 먹고 부지런히 내 흔적을 지워도 내가 차지한 최소한의 공간, '내 몸'의 크기는 바뀌지 않았다. 몸이 커진다는 것은 더 많은 영역이 필요하다는 뜻이자 더 많은 음식을 필요로 한다는 뜻이었다. 그건 내게 허락되지 않아야 할 일이라고 생각했다. 커지는 내 몸이 불편했다.

엄마의 자궁에서부터 불안정했던 난 여전히 '내 자리'를 고민한다. 어쩌면 난 자궁에서부터 같은 고민을 해온 것 같다. 이 세상에 내 자리가 있는지, 나란 존재가 엄마에게 필요할지, 내가 태어날 가치가 있는 사람인지 고민하느라 엄마의 자궁을 이리저리 떠돌았나 보다. 세상이 나를 반기지 않을까 봐 두려운 나머지 엄마의 몸 밖으로 나가지 않으려 했나 보다.

몸이 커지지 않았으면 좋겠다. 빈곤하고 정체된 몸에서 살며 유년기의 결핍과 허기를 잊고 싶지 않다. 아니다. 난 크고 싶다. 자라나고 싶다. 튼튼하고 꼿꼿한 존재가 되고 싶다. 엄마의 걱정을 끝낼 수 있는 존재가 되고 싶다. 세상에서 유일한 몸이 되고 싶다. 빛나고 싶다. 스스로의 빛을 아는 사람으로 성숙하고 싶다. 어린 채영이 감당해야 했던 외로움과 두려움, 그리고 갈증을 보듬을 수 있을 만큼 크고 넓은 품을 만들어 나를 안아주고 싶다. 괜찮다. 이제 괜찮다. 무서워할 필요 없다. 나는, 살아낼, 수, 있다.

먹는 마음

2020. 04. 16.

잘 먹는다는 말을 듣는 걸 불편해한다. 부끄러운 모습을 들킨 기분이 든다. 폭식하는 자아를 들켜버린 것으로 바로 연결이 돼서 그랬던 것 같다. 폭식하는 자아를 숨기려 하면서도 나와 그것을 전혀 분리해내지 못했다.

내가 먹는 것을 보는 타인의 시선을 의식하는 일은 거식증 치료를 위해 병원에 입원하면서부터 시작됐다. 거식할 때는 내가 절제하며 먹는 것을 타인이 봐주길 바랐다면 지금은 다르다. 나의 본모습을 들킬까 봐 조심스럽다. 본모습. 그것은 욕망 있고 성급하고 욕심 있고 거칠고 열정적인 나의 모습. 이런 나의 부분들이 타인에게 해가 될 수 있다고 느껴왔다. 내 꿈, 욕망, 열정, 성취가 누군가를 해치거나 나를 외롭게 만들지도 모른다고 생각해왔다. 양보, 배려, 겸손, 절제만이 관계 속에 남는 방법이라 여겨온 것이다.

오늘은 남을 의식하는 나를 견뎌냈다. 남을 의식하는 나의 시선을 무시하고 끝까지 먹었다. 그리고 토하지 않았다. 그 자리를 뜨려 하지도 않았고 밤거리로 나가려 하지도 않고 있다. 잘한 것이다.

어린 시절 나는 워낙 먹는 것을 좋아하는 아이였다. 두세 살 아이가 어른들이 자리를 비운 사이 식탁에 올라 있던 김치를 손으로 집어 먹어 얼굴을 시뻘겋게 칠해놓기도 하고 식사 시간이면 네 살 많은 사촌 언니와 경쟁하듯 먹곤 했다. 나의 가족 애칭은 '오월'인데, 그래서 이런 소리를 자주 들었다. "우리 오월이 잘도 먹지." "우리 오월이 이것도 먹을 수 있지?"

무언가를 먹을 때마다 반응을 얻고 싶어 했다. 내가 잘하고 있는 건지, 엄마나 이모가 나를 좋아하고 있는 건지 확인하기 위해서였다. 이모가 "역시 우리 오월이는 걱정이 없어"라며 나를 향했던 시선을 거둬갈 때 얼마나 뿌듯하면서 동시에 불안했는지 모른다. 엄마의 관심이 내게서 다른 곳, 사촌 동생이나 사촌 언니에게로 신경이 옮겨가면 내 마음은 조급해졌다. 얼른 더 대단한 걸 해내서 어른들의 관심을 되찾고 싶었다. 그러나 식탁 위 음식은 한정되어 있었고, 어른들은 밥 잘 먹는 아이에게 신경을 빨리 끄기 마련이다. 어린 나는 섭섭함을 꾹 누르고 다음 밥숟갈을 들었다. 이모와 엄마에겐 나 말고도 신경 써야 할 게 아주 많으니까 내가 이해해야 하는 거라고 스스로를 달랬다.

나에게 먹는 행위는 사랑을 확인하는 방법이었다. 내가 잘 먹으면 나의 주양육자(둘째 이모나 엄마)에게서 긍정적인 반응이 돌아왔다. 안 먹는 행위는 엄마와 이모의 불안을 자극했다. 그러나 어린 시절 내가 먼저 먹지 않는 것을 택한 적은 없다. 한편, 엄마와 이모는 마음에 들지 않는 일이 벌어지거나 힘든 일로 마음이 아플 때 음식을 먹지 않는 방식으로 감정을 표현했다. 자식들에게 밥을 차려주면서 굳이 "엄마는 안 먹어"라는 말을 붙이거나, 밥을 먹다가 수저를 놓고 담배를 피우러 베란다에 나갔다. 그러나 자식들에게는 단 한 번도 먹지 않는 것이 허용되지 않았다. 엄마 혹은 이모가 떠난 식탁에 억지로 앉은 나 또는 사촌들은 돌을 씹는 심정으로 밥공기를 비웠다. 밥을 남기면 어른의 화를 돋울 게 확실하기에, 먹고 싶지 않아도 열심히 먹었다.

나와 달리 같이 살던 사촌 동생은 먹는 데 취미가 없었다. 잘 먹지 않아 밥때만 되면 이모가 뒤를 졸졸 쫓아다니며

김에 싼 밥을 하나씩 겨우 먹였다. 사촌 언니는 식탁 위에서 이모의 눈칫밥을 자주 먹었다. 여드름이 나서, 살찐 것 같아서, 숙제를 제대로 하지 않아서 밥을 먹으며 잔소리를 들었다. 동생과 언니 모두 자신이 싫은 것은 쉽게 입에 대지 않았다. 그러다 보니 밥을 먹다가 자주 이모에게 혼났다. 이모는 꼭 혼내기 전에 셋을 셌다. "하나, 둘, 셋"을 세는 소리에 맞춰 내 가슴도 쪼그라들었다. '제발, 제발 그냥 한 입만 먹어라' 속으로 빌었다. 나의 소원이 이뤄지는 날은 별로 없었다. 이모의 언성이 높아지고 동생이나 언니가 닭똥 같은 눈물을 흘리는 것으로 밥상머리 교육이 끝나는 날도 있었지만, 가끔은 이모가 동생이나 언니를 데리고 방으로 들어가 매질을 했다.

내가 이모 집에서 살고 있을 때는 동생의 나이가 겨우 두세 살이었기에 방에 끌려 들어가는 건 주로 언니였다. 이모가 식탁 의자를 뒤로 밀고 언니의 옷을 찢듯이 잡아끌면 언니는 겁에 질린 얼굴로 끌려갔다. 난 동생에게 애써 태연한 표정을 지었다. '별일 아니야. 금방 괜찮아질 거야. 그냥 우린 계속 이렇게 있으면 돼.'

언니나 동생이 혼나는 동안 내가 할 수 있는 건 아무것도 없었다. 이모를 말리기에는 너무 어렸고 동생이나 언니의 편을 들기에는 이모가 너무 무서웠다. 방문 밖에서 나는 꾸역꾸역 밥을 삼켰다. 밥과 함께 두려움을 삼켰다. 죄책감이 반찬을 집은 젓가락에 딸려 올라왔다. 언니를 지키지 못한 죄책감, 이모의 고성을 듣고만 있다는 죄책감, 사촌 동생에게 뭔가 해줄 수 없다는 미안함을 밥으로 꾹 눌러 삼켰다. 그 와중에 이모의 화를 돋우고 싶지 않아 동생이나 언니가 싫어했던 반찬을 열심히 먹었다. 나는 언니와 동생이 이모에게 혼나도록 방치하는 것이 미안한 동시에 이모가 화를 내는 대상이 내가 될까 봐 늘 두려웠다. 나까지 화의 대상이 되면 이 집의 평안은 누가 지킨단 말인가?

나는 이모가 방문을 열고 나왔을 때 최대한 태연한 표정을 지으려 애쓰며 식사를 마치곤 했다. 울음과 고성이 멈추고 고요해진 집에 방문 열리는 소리가 들리면 나는 겁먹었던 것을 들킬까 봐 도리어 밝은 표정을 지어버렸다. 이모는 언제나 혼을 낸 뒤 베란다로 나가 담배를 태웠다. 방에서는 훌쩍이는 소리가 들렸다. 나는 베란다와 방 사이 어딘가에서 길을 잃었다. 언니나 동생에게 가자니 이모가 식탁에 돌아왔을 때 썰렁할 것이 걱정됐다. 식탁을 지키고 앉아 있자니 들려오는 울음소리를 무시하기가 고통스러웠다. 결국 내가 할 수 있는 건 어정쩡한 몸으로 일상이 다시 시작되기를 기다리는 것뿐이었다.

내가 네 살이 되던 해에 엄마는 이모 집에서 독립해 나

왔다. 우리의 첫 집은 어느 단독주택의 반지하였다. 냉장고
도 가스레인지도 아무런 가구도 없었던 엄마와 나는 휴대
용 가스버너에서 밥을 하고 창틀을 냉장고 삼아 쓰고 식탁
대신 신문지를 깔았다. 창가에 놓아도 상하지 않아야 했기
에 우리가 먹은 반찬은 주로 고추장, 참기름, 멸치볶음, 김,
계란 같은 것들이었다. 엘에이 갈비와 소불고기, 각종 장아
찌와 젓갈로 가득했던 이모의 식탁과 달리 엄마와 나의 식
사는 조촐했다. 하루아침에 조촐해진 식사가, 식탁이 아닌
신문지 위에 놓인 반찬들이 처음에는 낯설었다. 언제든 문
을 열면 유리병에 든 오렌지주스와 파스퇴르 우유가 놓여
있는 냉장고는 더 이상 존재하지 않았다. 네 살의 나는 빠르
게 상황을 인지했다. 내가 지난 4년 동안 누린 불고기와 쌀
밥과 빵, 오렌지주스는 원래 내 것이 아니었음을 서투르지
만 신속하게 받아들였다. 기름진 소고기의 맛을 잊고, 맵고
쓰고 달고 짜고 시고 끝은 고소한 고추장 맛에 익숙해지려
애썼다.

엄마는 일을 하기 위해 나를 주인집에도 맡기고 엄마 친
구에게도 맡겼다. 엄마와 둘이 살게 된 후 매일 아침 식사
시간은 내가 하루 중 유일하게 엄마를 독차지하는 시간이
되었다. 김, 콩자반, 멸치볶음, 계란 프라이, 감자볶음. 반찬
은 거의 비슷했지만 그건 내게 중요하지 않았다. 나는 그것

이 엄마의 최선임을 알고 있었다. 엄마와 단둘이 시간을 보낸다는 것으로 충분했다. 아침 먹는 시간은 엄마가 나에게 집중하는 시간, 날 바라보는 시간, 나를 위해 무언가를 해주는 시간이었다. 밥을 통해 엄마를 느꼈다. 밥을 삼키며 엄마의 애정을 삼켰다. 아침밥은 오늘 하루 내내 보고 싶을 엄마를 미리 충전하는 시간이었다.

엄마에게도 나를 먹이는 일은 가장 중요한 일과였다. 엄마는 아무리 정신이 없어도 나의 끼니는 꼭 챙겼다. 잘 잤냐는 질문은 까먹어도 밥 먹었냐는 질문은 잊지 않는 게 엄마였다. 마치 자신에게 주어진 단 하나의 의무를 수행하는 사람처럼 아파도, 슬퍼도, 우울해도 엄마는 내 밥을 챙겼다. 엄마는 멍하니 있다가도 내가 밥을 잘 안 먹는 것 같으면 정신을 차렸다. 집 안의 불을 온통 끄고 방 안에 누워 있다가도 끼니때가 되면 몸을 일으켰다. 엄마가 귀찮다거나 아프다는 이유로 나를 유치원을 보내지 않은 날에도 성실하게 챙긴 것은 내 식사였다.

1주일에 한두 번 엄마가 저녁밥을 해주는 날이면 나는 꼭 과식을 했다. 한 공기, 두 공기. 가끔은 양을 가늠할 수 없이 엄마가 주는 대로 음식을 받아먹었다. 밥을 먹고 과일을 먹고 과자까지 먹고도 또 먹을 수 있을 만큼, 엄마와 같이 있으면 계속 허기를 느꼈다. 엄마가 바쁜 날엔 밥을 먹는 내 마음도 바빴다. 엄마에게 방해가 될까 봐 허겁지겁 밥을 먹었다. 어떤 날엔 괜히 심통을 부리듯 밥을 느리게 먹으며 엄마를 애태웠다. 그래도 엄마는 기다렸다. 밥이니까. 밥 먹는 중이니까. 밥만큼 중요한 건 없으니까. 밥 앞에서 엄마는 모든 걸 용서했다.

밥은 약속이었다. 우리가 가족이라는 약속. 서로가 서로를 필요로 한다는 약속. 내가 엄마 곁에 머무를 거라는 약속. 엄마가 나를 책임질 거라는 약속. 그 약속을 지키겠다는 맹세. 우린 먹어야 만날 수 있었다. 먹을 때만 알 수 있었다. 엄마와 내 사이가 얼마나 가깝고 친밀한지.

처음으로 엄마가 떠주는 밥을 남기기로 결심한 날, 내 마음은 비장했다. 언제나 애타게 원하는 것이었던 엄마의 밥을 거절했을 때, 어떤 일이 벌어질지 상상할 수 없었기 때문이다. 나는 그날, 정확히 엄마를 당황하게 만들고 싶었다. 받은 것을 거절하는 마음을 느껴보고 싶었다. 첫 거절은 아무런 파급력 없이 지나갔다. 그러나 거절은 반복됐고 나의 의도가 점점 선명해지면서 엄마와 나 사이에는 '갈등'이 생겼다. 마침내 거듭된 거절이 받아들여졌을 때 나는 처음 맛보는 감정들에 매료됐다. 엄마의 마음과 무관한 나의 마음이 있을 수 있다는 걸 확인한 데서 오는 설렘. 내 고집에 엄마가 꺾이고 말았다는 실망과 뿌듯함. 이제 더 이상 엄마가 나를 감당할 수 없을 것 같다는 두려움. 엄마로부터 독립된 개인이 됐다는 성취감. 그러나 곧장 죄책감이 몰려왔다. 엄마의 애정을 거절했다는 데 대한 미안함과 내 선택이 틀렸을지도 모른다는 불안 속에서 난 혼란했다.

이가 빠지는 꿈

2012. 10. 05.
내 이빨이 다 삭고 빠지고 녹아내려도
살 수 있었음 좋겠다.
그래도 내 뼈와 입속 살갗이 남아 있었으면 좋겠다.
살 수 있었으면 좋겠다.
살 곳이 남아 있었으면 좋겠다.

칫솔질을 하다 어금니를 때운 충전재가 떨어졌다. 치료
한 지 몇 달 되지 않은 부분이었다. 상아색의 충전재가 툭
하고 내 손에 뱉어졌다. 어금니의 썩은 부분에 뚫어놓은 구
멍이 혀로 만져졌다. 나는 이 충전재가 떨어진 이유를 안다.

반복된 구토로 충전재가 삭았을 것이다. 치과 의사의 기술과 무관하게 벌어진 일이라는 생각에 부끄러움이 몰려온다. 전부 내 탓이다. 분명 내가 한 선택이고, 내가 감당해야 할 손상들이지만, 그 결과를 알 수 없어 자꾸 두렵다. 내 증상들이 바꿔놓은 몸이 여전히 낯설다.

오랫동안 반복해 꾼 꿈이 있다. 시작은 정확히 기억나지 않지만 거식증으로 살이 빠지면서 시작된 것은 분명하다. 꿈은 내 치아가 흔들리면서 시작된다. 혀로 살짝 밀어야 툭 하고 빠졌던 치아는 시간이 갈수록 저절로 잇몸에서 떨어져 나온다. 옥수수 알이 떨어지듯, 잇몸에서 굵은 치아들이 우수수 빠져나온다. 치아와 피를 머금은 입으로 주변에 도움을 청하지만 내 얼굴을 봐주는 이가 하나도 없다. "엄마" 하고 외치지만 목소리가 나오지 않는다. 도와달라는 말을 꺼내려 하면 입에서 치아와 피가 흘러나온다. 이러지도 저러지도 못하는 사이 잇몸에서는 모든 치아가 빠지고, 입안을 굴러다니는 치아로 인해 입에선 덜그럭 소리가 난다.

이 꿈을 꾸는 날엔 어김없이 잠에서 일찍 깬다. 몸은 식은땀으로 흥건하고 내 손가락은 본능처럼 입안에 있는 치아를 만진다. 빠진 곳은 없는지 하나하나 확인하고 살짝 흔들어보기도 한다. 가끔은 턱에 쥐가 나 제대로 입이 닫히지 않는 날도 있다. 그럴 땐 잠에 들지도 깨지도 못 한 상태로 한참을 턱과 씨름해야 한다. 그 와중에도 치아가 빠질까 봐 겁이 나, 이와 이 사이에 손가락이나 혀를 끼워둔다. 꿈의 여운은 내 치아가 전부 아직 제자리에 있다는 것을 확인한 후에, 입안을 굴러다니는 낱개의 치아가 없다는 것을 확신한 후에 비로소 끝난다.

이 꿈을 꾼 지가 벌써 15년이다. 주기가 길어지긴 했지만 지금도 가끔 꾼다. 섭식장애와 관련된 꿈이 이것 말고 없는 건 아니다. 폭식하는 꿈, 구토하는 꿈, 폭식하다 들키는 꿈, 구토가 안 되는 꿈…… 그러나 이가 빠지는 꿈만큼 깨고 나서도 내 몸을 시달리게 하는 꿈은 없었다. 같은 꿈이 반복되는 것도 처음이었다. 의아했다. 폭식과 구토가 싫다면 차라리 먹지 못하게 이가 사라지길 바랄 수도 있지 않나? 팔이 부러졌으면, 미각을 잃었으면 하는 상상은 해봤지만 치아만큼은 항상 보호하고 싶었다. 치아를 잃는 게 내겐 왜 이렇게 큰 공포일까.

나는 어렸을 때부터 불안을 입으로 해결했다. 불안할 때 손가락이나 팔뚝의 연한 살, 또는 머리카락을 자주 빨았다. 화가 나는데 밖으로 드러낼 수 없는 상황일 때는, 혼자 이를 악물고 주먹을 꽉 쥐었다. 울음을 참을 때나 울음소리를 죽일 때도 입을 앙 다물고 이를 꽉 깨물고 주먹을 꽉 쥔 채 웅크려 앉아 있었다. 입은 바깥에서 오는 사랑(주로 음식)을

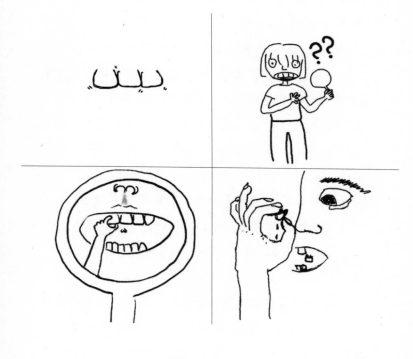

받아먹는 통로인 동시에, 부정적 감정이 모여드는 웅덩이였다.

감정을 해소할 때는 무언가를 빠는 것만으론 충분하지 않았다. 질감 있는 것을 씹거나 깨무는 느낌은 조금 더 빠르게 안정을 가져다줬다. 손가락을 빨면서 엄지손가락 첫마디를 질겅질겅 씹는다. 머리카락을 빠는 동시에 씹으며 "톡톡, 토독" 머리카락이 씹히는 소리를 듣는다. 이를 있는 힘껏 악물며 잇몸으로 전해지는 압력을 통해 내 몸이 가진 힘을 느낀다. 팔뚝의 연한 살에 빨갛게 남은 잇자국을 보며 뿌듯함을 느낀다. 치아를 활용할 때 내 몸은 조금 더 다양하게 자극됐다. 치아가 쓰였을 때 내 몸에는 흔적이 남았다. 치아에는 무언가를 변형시키는 힘이 있었다. 찢고, 뜯고, 자국을 남기고, 형태를 변형시키는 것. 내가 현실에서는 감히 하지 못하는 일을 이는 할 줄 알았다.

폭식에도 치아의 역할은 중요하다. 폭식의 목적이 그저 배를 채우는 것이었다면 액체로 해도 무방할 것이다. 구토에도 그편이 훨씬 용이하다. 그러나 액체로 배를 채우는 것은 충분한 만족감을 주지 못한다. 씹고 뱉을지언정 폭식에서 씹는 일, 즉 음식의 질감을 느끼는 일은 만족감의 많은 부분을 차지한다. 우선, 씹으며 맛을 느낄 수 있다. 미각은 오감을 자극한다. 멍하던 정신과 무뎠던 몸의 감각이 미각과 함께 깨어난다. 씹는 행위는 성취감을 준다. 음식을 손에서 입으로 옮기고, 입에 들어온 덩어리를 잘게 부수다 보면 내가 하는 일이 쓸모가 있든 없든, 무언가를 하고 있다는 기분이 느껴진다. 무력하게 느껴지는 내게 아직 할 줄 아는 일과 할 수 있는 일이 있음을 씹는 행위로 알 수 있다. 눈앞의 음식이 사라지는 만큼 마치 성과를 낸 듯한 성취를 만끽할 수 있다. 내게 아직 외부의 것을 바꿀 힘과 영향력이 남아 있음을 눈으로 확인한다.

치아는 자기 효능감과 연결된다. 치아는 내가 할 수 있게 해준다. 치아는 내가 아직 할 수 있음을 보여준다. 씹거나 씹지 않는 것을 선택함으로써 '내가' 하거나 하지 않겠다는 의사를 표현하게 된다. 입은 내 삶의 의지와 직접적으로 연결된 공간이다. 입을 열거나 닫으면서 움직이거나 움직이지 않는 것으로, 삼키거나 뱉는 것으로 나의 의지를 외부에 보여준다. 입을 통해 감정이 오간다. 입은 사랑을 말하고 이별을 노래한다. 괴로움을 나누고 즐거움에 참여한다. 씹고 감각하고 삼키고 수용한다. 나의 욕구가 표현되는 방식, 내 감정이 표출되는 공간, 나의 자유의지로 끝까지 조절할 수 있는 기관. 내게 치아는 절실하다. 내 입은 이가 있을 때 완성된다.

씹고 뜯고 으깨고 싶다. 내 뒤를 지나가는 척 엉덩이를 만지던 남자의 뻔뻔함을 짓이기고 싶다. 내 몸을 평가하던 말들을 씹다가 뱉고 싶다. 흙 위를 뒹구는 모욕의 말들을 발끝으로 묻고 싶다. 밑도 끝도 없이, 수도 없이 들은 "안 돼" "하지 마"라는 말을 잘근잘근 씹어 없애고 싶다. 이로 씹어 삼켜 없는 척해야 했던 욕망과 승부욕, 불같은 성질은 원래대로 두고 억지로 삼켜 냈던 말들을 다시 꺼내 그 위를 장식하고 싶다.

어떤 이별

빗소리에 놀라 우산을 들고 후다닥 밖으로 나가면 활짝 열린 대문 너머로 팔자걸음 자국이 보인다. 실제인지 꿈인지 알 수 없지만 아주 여러 번, 난 같은 장면 속에서 사라진 아빠를 기다렸다.

매일 밤 저녁 아빠와 통화했다. "밥 뭇나?(밥 먹었어?)"로 시작되는 전화는 시시콜콜한 얘기로 이어지다 끊겼다. 난 매일 밤 내 얼굴만한 전화기를 손에 들고 다 마르지 않은 긴 머리를 늘어뜨린 채 시큰둥한 표정으로 전화를 받았다. 마치 이 통화는 내게 전혀 중요하지 않다는 듯이.

어쩌다 아빠는 검은색 승용차를 끌고 나를 보러 왔다. 대부분 밤에 만났던 것 같다. 일이 끝난 엄마와 아빠의 손을 잡고 밤길을 걷던 기억이 난다. 가로등 불 아래에서 난 두 사람의 팔 힘에 의지해 팔 그네를 탔다. 한 치의 두려움도, 의심도 없이 난 두 사람의 팔을 타고 하늘로 올랐다. 땅을 박차고 올라 허공을 가르는 일. 그건 아빠가 왔을 때만 할 수 있는 일이었다.

어느 날 아빠는 충분한 설명 없이 전화 거는 일을 멈췄다. 더 이상 아빠의 검은색 승용차를 볼 수 없었다. "아빠 언제 와?"라고 엄마에게 질문하고 싶었지만 왠지 물으면 안 될 것 같았다. 그때부터 나는 아빠를 궁금해하는 사람들에게 "부모님이 이혼했다"라고 답하기 시작했다. 이별이라는 단어를 이해하기도 전에 이별을 겪은 난, 마음속에 남은 아빠의 자리를 어떻게 처리해야 할지 몰라 당황스러웠다. 이 자리를 지워야 하는지, 남겨 둬야 하는지. 보고 싶어 해도 되는 건지, 아예 없었던 사람처럼 깨끗이 지워야 하는 건지. 나의 갈팡질팡하는 마음 안엔 언제든 아빠가 다시 올 수 있다는 기대가 있었다.

아빠의 새 출발을 알게 되었을 때, 그걸 아빠의 입을 통해서가 아니라 엄마와 아빠의 통화를 엿듣는 것으로 눈치챘을 때, 내 안에서 무너진 건 아빠에 대한 신뢰였다. 아빠에게 내가 충분히 설명을 듣고 존중받을 만큼 중요한 사람이 아니라는 실망은 아빠의 부재보다 더 큰 외로움을 남겼

다. 난 아빠를 미워하기로 했다. 두고두고 미워하면서 벌하고 싶었다. 동시에 사랑하는 사람을 미워한다는 죄책감 또한 내 몫이 되었다. 그렇게 오랫동안 미움으로, 미안함으로 아빠를 떠나보내지 못했다.

2022년 7월. 성본 변경을 하면서 처음으로 아빠의 현주소를 알게 되었다. 법적으로 부모 자식 관계는 쉽게 끊어지지 않았고, 동의 없이도 나는 아빠의 등본을 떼어볼 수 있었다. 변호사 사무실을 통해 성본 변경 동의서를 아빠에게 발송했다. 며칠 뒤, 성본 변경 동의서의 서명란에 익숙한 이름이 적혀 왔다. 성본 변경 동의서를 기다리는 동안 거절당하면 어떡하나 걱정했다. 사실 그 걱정 뒤엔 그렇게라도 한 번쯤 아빠와 연락하고 싶다는 소망이 있었다. 아빠의 서명이 있는 서류를 받고서 한참을 울었다. 성본 변경 동의서를 받아 든 아빠의 마음이 어땠을지, 선뜻 서명했을지 망설였을지, 많은 게 궁금했지만 물을 수 없어 마음이 아렸다. 나의 이별 선언에 응답해준 아빠가 고맙기도 했다. 이름에서마저 아빠의 자리를 지우려 하는 나의 결정을 가로막지 않고 받아들인 것이니까.

성본을 변경함으로써 비로소 아빠를 진짜 떠나보낼 수 있었다. 일방적으로만 느껴온 아빠와의 관계에서 나에게도 결정권이나 선택권이 있음을 알고 행동하고 나니 아빠를 향했던 미움이 녹아내렸다. 덕분에 나 홀로 꿋꿋이 지키고 있던 그 자리에서 먼지를 털고 일어나 떠나올 수 있었다.

그러나 난 여전히 아빠를 기다린다. 내가 사랑했던 사람이기에 기다린다. 아빠가 궁금하고 보고 싶다. 죽기 전에 한 번만 확인하고 싶다. 내가 아빠의 사랑하는 딸이었다는 것을, 내 탄생이 아빠에게 행복이었다는 것을, 아빠에 대한 나의 사랑이 외사랑이 아니었다는 것을, 아빠가 사랑하는 딸이었다는 것을 한 번만 확인하고 싶다.

아빠를 잡고 있던 손은 갑작스럽게 길을 잃었지만 내 곁에 기꺼이 자리해준 어른들 덕분에 난 다시 땅을 박차고 하늘로 오를 수 있었다. 조건 없이 손을 맞잡아준 사람들의 온기 덕에 나는 세상에 대한 불신과 미움 대신 신뢰와 사랑을 키우며 자랄 수 있었다.

모든 인간에겐 자신만의 아픔이 있고 그 아픔은 온 세상의 존중을 받아야 한다고 믿는다. 사회에는 한 인간이 자신의 상처를 딛고 일어날 수 있을 때까지 지지와 응원을 아끼지 않을 의무가 있다고 생각한다. 서로를 돌보고 회복을 기다리는 것. 실패에 기회를 주고 곁을 지키며 온기를 나누는 일. 거기에 우리가 이 땅에 모여 사는 가치와 의미가 있음을 믿는다. 내가 오늘 누군가에게 무심코 지은 미소 한 번이 그의 하루를 밝히는 작은 촛불이 될 수 있다는 '망상'을 포기하고 싶지 않다. 크고 묵직한 선물이나 관심보다 일상적이고 소소한 온정들이 방황하는 나를 지켜주었다. 나도 누군가에게 그런 인간이, 그런 어른이 되고 싶다.

1부를 쓰며 가장 많이 떠올린 건 어린 시절의 기억이다. 내가 가진 섭식장애의 증상을 논리적으로 이해하려다 보면 어김없이 어린 시절 겪은 찰나의 기억들에 가닿게 되었다. 이제 와서 상처를 주고 영향을 준 어른들에게 화를 낼 수도 없고, 분한데 풀 곳은 없어 눈물이 나는 날도 있었다.

몸에 체질이 있듯 마음에도 체질이 있는 것 같다. 몸의 체질이 타고난 몸과 주변 환경의 조합으로 완성되듯 마음의 체질도 타고난 기질과 주어진 환경이 영향을 주고받으며 완성된다고 생각한다. 마음은 내가 세상을 어떻게 바라보고 인간관계를 어떻게 맺어갈지를 결정하는 데 중요한 역할을 한다. 몸의 체질에 따라 맞는 음식이 달라지듯, 마음의 체질에 따라 편안함을 느끼는 상황과 불편을 느끼는 상황, 위협으로 느끼는 순간과 사랑으로 느끼는 순간 등 무엇을 어떻게 감각하는지가 많이 달라진다.

병의 증상을 이해하고 나름의 원인을 찾아가는 과정은 내 마음의 체질을 알아가는 일이었다. 주어진 가족 환경이 남긴 상흔과 선물을 구별해내고, 그 안에서 살며 내가 터득한 삶의 태도를 이해도 하고 의문도 가져봤다. 어린 시절 겪어야 했던 부당한 상황들, 그로 인해 입은 상처, 거기서 파생된 트라우마가 씻은 듯이 사라진 건 아니다. 기억은 유효하고 마음 깊이 박힌 흉터는 수시로 내 일상에 통증을 유발한다. 과거는 불쑥불쑥, 날 방해하고 협박한다. 잘될 리가 없다고. 넌 지금 나약하다고. 나대지 말라며 앞으로 나아가려는 내 발목을 잡는다. 난 여전히 (엄마가 있음에도) 엄마가 그립고, (어디로 가지 않을 것을 알면서도) 엄마가 떠날까 두렵다. 엄마의 빈자리를 혼자 채우려 애썼던 서너 살의 나와 똑같이 집에 혼자 있을 때면 뭘 할지 몰라 헤맨다. 그러다 자주 폭식과 폭음으로 빠진다.

중요한 건, 내가 나의 상처를 '안다'는 것이다. 나는 내 아픔을 이해하고 있다. 그래서 타인에게 내 고통과 치료의 노력을 인정받을 필요가 없다. 내 상처와 아픔의 주인공은 '나'이기 때문이다. "내가 마음대로 할 수 있는 게 나밖에 없어"라는 말은 무기력의 표현이기도 하지만 가능성의 말이기도 하다. 나라도, 타인과 다르게 나를 대할 수 있다는 가능성. 나라도, 내 상처를 보듬을 수 있다는 가능성. '이런 나'라도 나를 좋아해줄 수 있다는 가능성. 난 내가 가진 이 최소한의 가능성을 믿고 지지하고 싶다.

상처가 개인의 몫이라는 뜻은 아니다. 한 사람은 소속된 가족, 사회, 국가의 영향 속에서 완성되고, 따라서 개인이 감당하는 마음의 아픔 역시 가족, 사회, 국가에도 그 책임이 있다.

나의 어린 시절을 파고들다 보니 엄마가 처했던 상황을 마주했고, 엄마를 이해하기 위해선 '이혼녀'가 살아내야 했던 1990년대의 한국사회를 상상해야 했다. 엄마 대신 나를 키우다시피 했던 이모의 삶을 이해해야 했다. 내가 다녔던 학교 교육과 문화가 나에게 무얼 남겼는지도 알아야 했다. 내 증상과 결부된 유년기의 기억, 보고 자란 것, 듣고 배운 것들을 곱씹다 보니 아주 조금 나의 증상이 덜 미워졌다. "네가 섭식장애를 앓고 있는 게 네 탓이기만 한 게 아니야." "네 잘못이 아니야." 식상한 말이지만 내가 나에게 해주니 느낌이 새로웠다. 마침내 용서받은 느낌이랄까. 내가 내 가족을 망치고 나를 망쳤다는 죄책감이 조금 내려가고 그 시간을 잘 버텨낸 나에게 고마웠다. 그리고 아픈 나의 곁을 떠나지 않고 지켜봐온 가족과 친구들에게 가슴 깊이 감사함을 느꼈다. 그들이 없었다면 나는 오늘 숨 쉬며 살아 있지 못했을 것이다.

난 모든 사람이 아프다고 생각한다. 모든 인간에게는 유년기가 있고, 그 시기의 좌절, 상실, 사랑, 결핍이 누군가의 마음과 몸을 형성할 것이다. 그러나 완벽한 육아도, 완벽한 사람도 없지 않은가. 누군가는 큰 질병으로, 누군가는 자잘한 증상으로 아픔을 표현한다. 누군가는 '좋은' 방식으로, 누군가는 파괴적인 방식으로 마음의 결핍을 가져간다. 어떤 이유로든 생명을 해하는 방식은 허용될 수 없지만, 그 누구에게도 한 사람의 인생을 함부로 비난하고 통제하고 평가절하할 자격은 없다.

익숙하지 않은 존재를 외면하고 배제하는 가장 쉬운 방법은 '나와 다르다'고 결정해버리는 것이다. 특히 정신질환을 가진 이들에게 한국사회는 여전히 각종 편견과 두려움, 불편함을 드러낸다. 범죄 사건이 벌어졌을 때 피의자의 정신질환을 밝히고 분석하는 데 쓰이는 에너지를 조금이라도 떼어 다양한 정신질환을 이해하고 그것과 함께 살아가는 방법을 고민하는 데 썼다면 어땠을까.

정신질환은 개인의 결점이 아니다. 한 인간이 살아낸 서사 속에서 증상이 발현되는 것이다. 모든 인간은 각자의 삶에서 비롯된 상처를 감당하며 살아가는 중이라는 점에서 '같다'. 어떤 이들에 의해 예고 없이 벌어지는 가해나 폭력으로부터 다수의 사람을 보호하는 것이 중요한 만큼, '보통 사람'과 '다르다' 혹은 '틀리다'고 진단되고 범주화된 존재들과 공생하는 길을 고민하는 일도 필요하다고 생각한다.

나의 이 구구절절한 질병서사가 섭식장애라는 미지의 세계를 이해하고 수용하는 데 작게나마 기여할 수 있으면 좋겠다.

나를 설명할 때 유년 시절만큼 빼놓을 수 없는 것이 있다. 나를 키운 여성들이다. 엄마, 이모들, 엄마의 친구들은 항상 내가 손 뻗으면 닿을 거리에 있었다. 내가 엄마의 자궁에서 밑으로 흘러내릴 때 치료제를 찾아낸 것도, 섭식장애를 치료하겠다고 전국 방방곡곡을 다닐 때 좋은 정보를 준 것도, 금전적 지원을 기꺼이 해준 것도 엄마의 친구들, 나의 이모들이었다. 물리적인 거리를 넘어 그녀들이 보낸 지지와 신뢰 덕분에 내가 이만큼 살아내고 자라날 수 있었다. 그녀들이 없었다면, 그녀들이 엄마와 같이 담배를 태워주지 않았다면, 나와 엄마는 일찍이 삶을 절망했을지도 모른다.

혈육인 이모들과 엄마의 친구이자 나의 특별한 '이모들'. 그녀들은 내게 몸소 한국을 사는 여성의 삶을 보여줬다. 담배를 태우며, 술을 마시며, 수다를 떨며 풀어낸 그녀들의 사연은 내 몸 곳곳에 스며 있다. 이모들 덕분에 나는 내가 '여자'임을 좋아할 수 있었지만 그녀들에게 내가 '여자'라는 사실은 축복이기보다 위험이었다. 그들은 자주 걱정했다. '너는 여자니까' 조심해야 하고, 안전해야 하고, 독립적이어야 한다고. 그 배경에는 그녀들을 억압하고 착취하고 협박한 가부장 사회가 있었다. 가장 가까운 남자들에게 위협당하고 폭행당했던, 쓰임당하고 무시당했던 그녀들의 삶을 잊지 않을 것이다.

종종 엄마와 이모들은 나의 똑똑함을 '아까워'했다. 처음에는 그 걱정이 불쾌했다. 나의 '현재'를 부정하고 불신하는 것처럼 들렸기 때문이다. 몇 년이 흐른 지금, 이제야 알 것 같다. 그녀들이 겁낸 것은 나의 능력이 아니라 여성을 인간으로 존중하고 인정하지 않는 이 사회였다는 것을. 내가 똑똑하고 능력 있는 여자라는 이유로 감당해야 할 오해와 비난, 상처를 미리 겪고 아파하고 있었다는 것을. 예전엔 내가 세상을 마주하기도 전에 겁먹게 만든 그녀들을 미워했다. 그러나 이모들과 같은 여성들이 한국사회를 견디고, 기존의 법칙과 다른 목소리를 내고, 다양한 삶의 경로를 만들어온 덕분에 나와 같은 젊은 여성들에게 주어진 기회들이 있음을 지금은 알 것 같다. 한때 내가 온몸을 바쳐 벗어나려 저항한 엄마의 사랑과 이모들의 관심이 사실은 날 지켜낸 울타리였다. 내 삶은 여자들이 있었기에 충분했다.

금주

낡은 빌라의 곰팡이 냄새를 맡으며 계단을 오르다 보면 나프탈렌 냄새가 나기 시작했다. 그러면 난 외할머니 댁에 다 왔다는 것을 알 수 있었다. 현관문을 열었을 때 나를 반기는 것은 할머니가 아닌 담배 냄새였다. 나프탈렌 냄새와 섞인 특유의 담배 냄새는 코를 뚫고 깊숙이 들어와 점막에 스며들었다. 외할머니는 대체로 바닥을 닦고 있거나 텔레비전을 보고 계셨다. 가끔은 '뽕짝'을 크게 틀어놔서 집에 누가 들어오는지도 몰랐다.

언제나 외할머니 댁 방문의 시작을 알리는 첫 소리는 이모들의 잔소리였다. "아이구, 엄마! 뽕짝을 또!" "아이구, 이 금주 여사! 바닥 좀 그만 닦아." "아이구, 엄마! 애들도 오는

데 담배는 밖에서 좀 피우지!" 이모들의 지청구에 할머니는 항상 웃음으로 답했다. 누런 틀니를 씨익 내보이며 기침인지 웃음인지 모를 쉰 소리를 냈다. 굽은 허리를 애써 펴며 주름진 얼굴로 힘껏 웃었다. 그게 하루 동안 보는 할머니의 유일한 웃음이었던 날도 있다.

할아버지는 주로 방에 누워 계셨다. 오래된 당뇨 탓에 항상 아팠고 늘 얼굴에 짜증이 가득했다. 손주들의 방문에 얼굴이 피는 게 아니라 일그러지는 분이었다. 깔깔대고 노는 우리에게 항상 "조용히 좀 하라"라고 하는. 할머니의 미간엔 자주 주름이 졌다. 분명 손주를 싫어하는 건 아니었지만 표현할 줄을 모르셨다. 할머니도 할아버지도 좋은 마음을 '좋다'고 드러내는 걸 민망해하는 반면, 싫은 건 꼭 '싫다'고 드러냈다. 할머니, 할아버지가 좋아하는 손주가 되는 일은 세상에서 가장 어려운 수수께끼 같았다.

할머니와 할아버지의 관계도 내 머리로는 잘 이해가 되지 않았다. 두 분의 대화에는 항상 긴장감이 맴돌았다. 당신들에게는 익숙했을 통명스럽고 신경질적인 말투는 주변을 경직시켰다. 한 치의 오차만 생겨도 싸움으로 번질 것 같은 아슬아슬한 대화. 두 분의 대화는 언제나 날 선 말투로 시작되고 끝났다. 사실 거의 대화가 없었다. 식사 때도 집 안엔 텔레비전 소리와 수저 소리만 들렸다. 할아버지는 항상 먼저 일어났고, 할머니는 대부분 밥을 물에 말아 억지로 먹는 사람처럼 꾸역꾸역 드셨다. 끼니때를 제외하고 두 분이 같은 자리에 있는 경우는 거의 없었다. 가끔 텔레비전 앞에 같이 앉아 계셨지만 두 분의 시선은 약속이나 한 듯 텔레비전 화면만 향했다.

그래서 할머니가 나에게 두부조림 조리법을 물어봤을 때 당황했던 것이다. 때는 내가 할머니 댁에서 살았던 열여섯 살 즈음이었다. 평소에 내게 밥 먹었냐는 말 외에는 말을 걸지 않던 할머니가 먼저 질문을 해왔다. "그 두부조림 어떻게 만든 거길래 할아버지가 그렇게 잘 드시냐?" 나는 첫째, 할머니가 할아버지가 무엇을 먹는지에 관심을 가졌다는 데, 둘째로 그 음식을 만들어주고 싶어 한다는 데 놀랐다. 겉으로 보기에는 어쩔 수 없이 같이 사는 두 사람 같았지만 그 속엔 내가 헤아릴 수 없는 정이 흐르고 있었다는 걸, 그때 비로소 알았다.

초등학생 때 본 할머니는 하루의 대부분을 남편을 챙기거나 치매 걸린 시어머니를 챙기는 데 썼다. 시어머니가 냉장고에 발라놓은 똥을 닦고 남편이 마실 둥굴레차를 끓이고 집 나간 시어머니를 찾아오고 남편이 먹을 보리밥을 하는 등. 할머니의 손은 분주했다. 할머니는 하루 종일 남의 필요를 채우기 위해 일했고 표정은 즐거워 보이지 않았다.

오히려 신경질적인 것에 가까웠다. 지긋지긋하다는 표정을 한 채 남편의 밥상을 차리고 치웠다. 딱 한 번쯤 할머니가 증조할머니를 씻기는 모습을 보았는데, 어린 나는 적지 않은 충격을 받았다. 그 손이 너무 거침없고 무심해서 그랬던 것 같다. 어렸지만, 저런 식으로 씻겨진다면 기분이 나쁠 거라고 생각했다. 보살핀다고 하기엔 너무 거친 손길로 시어머니의 똥을 닦고 퉁명스럽게 남편의 곪은 발가락에 감을 붕대를 갖다주는 사람. 그게 나의 할머니 이금주 여사였다.

할머니는 요리를 잘하는 엄마 또는 할머니는 아니었다. 이모들은 늘 할머니의 요리에 잔소리를 했다. "엄마! 누가 도라지를 조선간장에 무쳐!" "엄마! 시금치가 왜 이렇게 짜?" "엄마! 고사리가 이게 뭐야!" 이모들 기억에 남은 '엄마의 밥'은 없다. 술을 먹으면 밥상을 엎었던 아버지였더라도, 그 '아부지'가 끓여준 찌개가 주로 이모들이 말하는 추억의 음식이다. 이모들은 '굳이 대들어서' 남편의 화를 돋우는 사람, 시어머니한테 잔소리를 듣던 사람, 딸과 남편에게 바가지를 긁는 여자, 다정한 엄마의 품 같은 건 없었던 사람으로 할머니를 얘기해왔다.

그러나 할머니는 일을 마치고 집에 오는 길에 땅에 떨어진 덜 시든 꽃을 주워 딸에게 쥐여주는 사람이기도 했다. 아직 덜 시들었는데 누가 꽃을 버렸다며. 해 질 녘 마중 나온 딸을 젖가슴으로 푹 껴안아주기도 했다. 밭일로 거칠어진 손을 내보이고 싶지 않아 버스를 탈 때 손잡이를 잡은 적이 없었다. 카바레에서 춤 신청을 받아도 손이 부끄러워 거절했다고, 주름지고 굳은살 박인 손을 매만지며 당신의 딸에게 말한 적도 있다. 당신의 딸이 하는 일마다 풀리지 않아 힘들어하던 때, 할머니는 어딘가에서 '옥 팬티'를 구해오기도 했다. "매일 밤 이 옥 팬티를 머리에 쓰고 기도하면 소원이 이루어진다더라, 얘." 그 옥 팬티는 돈도 백도 힘도 없는 어미가 막막한 딸에게 해줄 수 있는 최선이었는지 모른다.

이제 와 생각해보면 할머니는 할아버지가 드실 찌개를 매번 끓였고, 시장에서 메주를 사다 조선간장을 직접 만들고, 명절이면 식혜를 직접 빚어 손주들에게 떠주셨다. 할아버지가 마실 둥굴레차는 티백을 우리지 않고 말린 둥굴레로 끓여 만들었다. 무심한 태도 밑에 숨긴 꾸준한 살림이 가족을 향한 할머니의 애정 표현 아니었을까.

할머니는 담배를 참 좋아했다. 요양원에서 코에 영양죽 호스를 끼고도 담배 한 대만 피우고 싶다고 하실 정도로. 할머니는 동네 아줌마들의 담뱃불을 붙여주다가 열여섯부터 담배를 피우게 됐다고 한다. 당신이 담배를 피워서 그런지, 할머니는 딸들의 흡연에 관대했다. 딸과 맞담배도 하셨다. 언젠가 할머니가 엄마에게 "니는 담배 뭐 피우니?"라고 물어보셨던 걸 기억한다. 외출하고 돌아온 할머니 손엔 '도라지' 담배와 '에세 라이트' 한 갑이 들려 있었다.

할머니는 꼭 '도라지'를 피웠다. '장미'는 뭐가 별로고, 요즘 담배는 뭐가 별로다 하시며 늘 '도라지'만 고집했다. 할머니의 담배에선 늘 특이한 냄새가 났는데 어릴 때 난 그게 진짜 도라지 냄새인 줄 알았다. 할머니의 치아 곳곳에 남은 누런 자국도 진짜 도라지 자국인 줄 알았다. 생각해보면 할머니의 삶은 흙 묻은 도라지 냄새를 닮아 있다. 매콤하고 진하다. 톡 쏘는 향은 근처에서 냄새만 맡아도 맛이 쌉쌀할 것 같다. 껍질을 까고 난 손에서 좀처럼 사라지지 않는 도라지 냄새처럼 할머니 목에 걸린 찐득한 가래와 거친 기침 소리는 유난히 사라지지 않았다.

소파에 앉아 담배를 피우던 할아버지와 달리 할머니는 항상 베란다로 나가서 담배를 피웠다. 베란다에서 쪼그려 앉은 채 창살 너머 풍경을 바라보며. 담배를 다 피우고 나면 몸을 일으켜 세워 허리를 뒤로 쫙 젖힌다. 한껏 굽어진 허리가 일자에 거의 가까워질 때까지, 쭉. 그러다 창틀을 붙잡고 밖을 꼭 훑는다. 한동안 잠자코 그렇게 서 있는다. 나는 그 모습을 볼 때마다 할머니가 산책 중이라고 생각했다. 치매 걸린 시어머니나 당뇨 걸린 남편 때문에 허락되지 않은 자유로운 산책을 하는 거라고. 담배는 할머니에게 기호식품이 아니라 생필품이었다. 할머니에게 허락된 가장 큰 사치이자 여가였는지도 모르겠다.

할머니 집에는 뽕짝에 딱 어울리는 카세트가 있었다. 촌스러운 초록색 버튼들과 스피커가 도드라지는 직사각형의 기계는 멀쩡히 돌아가는 게 신기했다. 아침 드라마도 끝나고 재밌는 재방송도 끝난 오후 두세 시경, 할머니는 카세트로 뽕짝을 자주 틀었다. 뽕짝을 들으며 거실에 우두커니 앉아 있거나, 담배를 태우거나, 아무것도 없는 바닥을 걸레로 훔쳤다. 그즈음 늘 창을 통해 거실로 햇살이 들어왔고 주황빛 온기가 할머니의 등을 덮었다. 이모들이 있을 땐 그러지 않았지만, 할머니는 나와 단둘이 있을 때면 종종 뽕짝을 따라 불렀다. 뽕짝을 부르는 할머니의 목소리는 매번 카세트의 뽕짝보다 느리고 아련했다. 곧 꺼질 촛불처럼 흔들리는 목소리에 난 정신을 뺏기곤 했다. 퍼런 걸레로 바닥을 닦으며 〈울고 넘는 박달재〉를 부르는 할머니는 그 순간 여기에 있지 않은 것 같았다. 남편이나 시어머니, 자식들의 방해도 없는, 오직 따뜻한 햇살만이 거실을 감싼 시간. 그때 보이는 할머니의 주름은 왠지 편안해 보였다.

할머니는 흥이 많은 사람이었다. 가족들끼리 노래방에 가면 한동안 마이크를 놓지 않으셨다. 시장에 온 다단계 상품 설명회에서 몇 시간씩 놀다 오기도 했다. 춤추는 할머니들 속에서 할머니를 찾아 손을 잡고 나왔던 날이 지금도 기억난다. 빠글빠글한 파마머리와 꽃분홍색 잠바들 속에서 할머니를 찾기란 쉽지 않았다. 그날 할머니는 이모들에게 잔소리를 듣는 중에도 얼굴이 환했다. 늘 움츠러들어 있던 어깨도 왠인지 쫙 펴져 있었다. 그 뒤에도 몇 차례 할머니는 시장통에서 이모들 손에 끌려 집으로 왔다.

할머니의 장례식에서 이모할머니들이 해주신 이야기에 따르면, 할머니는 동네에서 유명한 재담꾼이었다고 한다. 그렇게 말을 재밌게 해서 동네 아줌마들이 다 할머니를 좋아했었다고. 아주 소문난 이야기꾼이었다고. 그 말 많던 소녀는 열여덟 나이에 시집을 갔고, 결혼 후에도 한동안 동네 꼬마들과 노느라 집안일을 할 줄 몰랐다. 가난한 집안 살림에 능숙하지 못해 시어머니나 남편의 구박을 들어야 했다. 줄줄이 딸을 낳는 동안 눈칫밥도 먹어야 했을 거다. 내 새끼에게 젖을 물리다가도 시어머니 자식한테 젖을 내줘야 했다는데, 어미로서 그 마음이 어땠을지 가늠이 안 된다. 살림은 늘지 않고 딸린 입만 늘어갈 때, 큰딸이 과부가 되어 애 둘을 데리고 집에 돌아왔을 때, 점쟁이에게 딸들이 다 과부 될 팔자라는 말을 들었을 때, 딸들 운 바꾸겠다고 굿을 했더니 그 무당과 남편이 바람을 피웠을 때, 남편의 형제들이 당신 딸들을 오랫동안 추행해왔다는 걸 알게 됐을 때, 그 사실을 듣고도 "난 몰랐지"라는 말만 남기고 텔레비전을 계속 보았을 때. 여자 이금주의 마음은 어떤 시간을 보낸 것일까. 그 마음을 누구에게 털어놓은 적은 있었을까.

할머니가 나처럼 토하는 삶을 살았다는 사실을 알게 된 건 할머니가 중환자실에 있을 때였다. 할머니는 방금 일반 병실에서 중환자실로 옮겨진 상태였다. 병원에 입원한 채로도 매일, 매끼 칫솔로 목젖 부근을 자극해 구토를 했다. 잦은 구토로 인해 헐어버린 식도는 결국 견디지 못하고 찢어졌다. 먹은 음식물 대신 피를 토하다 중환자실로 급히 이송된 할머니는 가쁜 숨을 쉬고 있었다.

중환자실 문 앞에 이모들이 벌건 눈을 하고 모여 있었다. 그러다 나를 보더니 앞다퉈 내 옷깃을 붙잡고 울며 호소했다. "채영아, 채영아, 너는 절대 저렇게 되면 안 된다." "채영아, 할머니 어떡하니." "채영아, 너는 절대 저렇게 하지 말아라." 같은 증상을 갖고 있다는 이유로 비슷한 인생을 기대받는 것이 지겨웠던 나는 냉담한 표정을 애써 감췄다. 할머니의 차가운 손을 꼭 잡고 "엄마 조금만 더 힘내자"라고 말하는 이모들 곁에서 난 속으로 말했다. '할머니 힘들면 그만 살아도 돼. 그만 아파도 돼. 그냥 가셔. 그만 괴로우셔.'

할머니가 평생 토하며 살아왔다는 얘기를 듣고, 비로소

매일 소화가 안 된다며 소화제를 먹던 할머니가 이해됐다. 할머니 댁 화장실 변기 근처에 항상 칫솔이 있던 이유를 알게 됐다. 가슴에 담아둔 게 얼마나 많았으면 매일 헛구역질을 해도 해소가 안 됐을까. 매일 소화제를 먹어도 체기가 사라지지 않는 속을 안고 사는 게 얼마나 괴로웠을까. 식도가 파열될 때까지 칫솔로 목을 쑤신 마음은 또 얼마나 절실했을까. 할머니가 매일같이 소화제를 핑계로 내과에 간 이유는 그곳이 그나마 할머니 말을 들어주는 사람이 있는 곳이었기 때문은 아니었을까. 조금이라도 할머니 속을 알아주는 사람이 있었더라면, 글도 배우고 춤도 추고 마음껏 뽕짝을 부르도록 도왔다면 어땠을까.

할아버지가 돌아가신 후, 할머니가 함께 살던 나를 바라보던 눈빛을 기억한다. 내 걸음, 내 행동을 졸졸 따라다녔던 메마른 눈빛을. 톡 건들면 눈물이 나올 것 같은 눈과 팔자로 내려앉은 미간. 그건 관심을 바라는 이의 애절한 호소였다. 난 단 한 번도 그 요청에 응답하지 않았다.

할머니는 분명 곁을 쉽게 내주는 사람이 아니었다. 노인정에서 가까이 지내던 사람도 귀찮으면 문전박대했다. 사람을 섭섭하게 하는 방법만 아는 사람처럼 말하고 행동했다. 평생 당신을 챙긴 딸들에겐 고맙다거나 미안하단 말도 남기지 않고, 생의 마지막까지 미국에 있는 아들을 그리워했다. 그러나 할머니가 평생 누군가를 보살펴야 했다는 것도 분명한 사실이다. 느낀 사랑이 없다는 것이 할머니를 보살피지 않아도 되는 이유가 되진 않는다는 걸, 할머니에게 돌봄이 필요했을 때는 생각하지 못했다.

할머니는 요즘도 가족들의 대화 속에 등장한다. "이금주 여사 딸 아니랄까 봐." 이 말은 대체로 할머니를 닮아서 어떡하냐는 부정적인 의미로 쓰인다. 할아버지를 그리워하는 말은 들었어도 할머니를 그리워하는 말을 들은 건 없다. 바람피우고 술주정하던 아버지를 더 그리워하는 마음은 어떤 걸까. 가족 안에서 할머니의 자리는 어디인 것일까. 재기발랄하던 한 소녀의 시간이, 나뭇가지로 목구멍을 찌르던 한 여자의 일생이, 소파 위에 하루 종일 누워 있다 요양원으로 가버린 할머니의 생이 가끔은 너무 아프다.

그날, 겨울

　호주로 워킹홀리데이를 떠났다가 코로나19 팬데믹으로 한국으로 돌아왔을 때, 엄마는 다짜고짜 "나랑 같이 살자"라고 했다. 무슨 말도 안 되는 소리냐며 무시로 일관했지만 한편 궁금했다. 엄마는 왜 다 큰 딸이랑 저렇게 같이 살고 싶어 하는 것일까. "돈 안 벌어도 되니까 나랑 같이 살면서 좀 쉬어"라는 말에 숨은 뜻은 무엇일까. 도망치듯 엄마의 품에서 떨어져 있고 싶은 나와 어떻게든 나를 품에 두고 싶어 하는 엄마. 이 둘의 간극은 어디서 시작된 것이며 언제쯤 가까워질 수 있는 것일까. 엄마는 왜 계속 내가 엄마를 버린다고 생각하는 것일까.

　차가운 바람이 불었던 3월의 오후, 호주에서 돌아온 직후 코로나19 격리 생활 중인 나를 방문한 엄마와 방충망을 사이에 두고 마주 앉았다. 엄마는 여느 때처럼 담배를 입에 물었다. 유난히 얼굴이 어두워 보였다. 무겁게 닫혀 있던 엄마가 입을 먼저 열었다. 그렇게 이 대화는 시작됐다.

2020.03.28.

방충망을 사이에 두고 앉아 있다. 나는 방충망을 통해 엄마를 본다. 엄마의 얼굴에 촘촘한 십자가 박힌다. 나는 엄마의 눈을 똑바로 볼 수 없고 엄마는 나의 표정을 또렷이 볼 수 없다. 엄마가 입을 연다.

"지난 겨울 동안 엄마가 생각을 했어. 그동안 딸이 엄마의 마음을 몰라준다고 생각해왔는데. 비로소 엄마가 자신이 없었다는 걸 알았어. 딸이 엄마를 좋아할 리가 없다고 생각해왔어. 그렇게 자신이 없었어. 그래서 딸한테 여기 와서 기대라고, 엄마 곁에 와서 기대어 쉬라고 말할 수가 없었어. 여기, 엄마가 만든 집에 오라고. 엄마 집이 곧 딸 집이라고."

엄마를 본다. 찬 바람이 엄마의 머리를 스치고 지나간다. 희끗한 머리를 굵고 투박한 손이 쓸어 올린다.

"엄마, 엄마는 나에게 자주 말했어. 여기 오라고. 와서 기대라고. 그리고 나도 왔었어. 와서 기대려고. 근데 엄마는 내가 오지 않은 날만 기억하잖아. 내가 있었던 날은 기억하지 않았잖아. 내가 아무리 해도. 엄마는 내가 하지 않은 것만 기억하잖아. 엄마가 나를 믿는다는 것을 믿어. 엄마를 좋아하고 사랑해. 그치만 엄만 그걸 믿어주지 않았잖아. 내가 아무리 해도. 엄만 내 사랑을 믿어주지 않잖아."

엄마가 나를 본다. 엄마의 눈빛이 보이지 않는다. 촘촘한 십자 칸 사이로 물이 스민다.

"그렇게 엄마가 자신이 없었어. 내가 딸을 사랑하는 마음만 생각했지 내가 사랑받을 만한 사람이라고 생각하질 못했어. 엄마가 그걸 몰라서 딸을 외롭게 했어. ……그러니까, 딸. 엄마 이제 알았으니까. 여기 있어. 여기 기대. 같이 살자. 같이 있자."

찬 바람이 내 몸을 감싼다. 등 뒤를 감싸고 있던 커튼이 펄럭인다. 나는 또렷한 눈으로 엄마를 바라본다. 엄마의 굵은 주름과 색바랜 머리칼, 슬픈 눈과 자신감 잃은 입을 바라본다. 그리고 내 발을 바라본다. 크고 굴곡진 발이 마루를 딛고 있다. 두 팔로 다리를 감싼다. 단단한 무릎과 손끝을 느낀다.

"엄마, 나 이제 컸어. 엄마를 좋아해. 엄마를 사랑해. 엄마에게 바랄 건 없어. 엄마, 엄마…… 내가 무서운 건 말이야. 내가 너무나도 많이 엄마를 닮았다는 거야. 나를 통해 엄마를 봐. 내가 목격했던 엄마의 무기력과 외로움을 지금 내 얼굴에서 만나. 덕분에 엄마를 이해했어. 엄마가 왜 내 눈을 보지 않았는지. 왜 내가 불러도 대답이 없었는지. 엄마, 이젠 엄마를 이해하려는 일은 그만하고 싶어. 엄마를 원망하는 일도 그만하고 싶어. 내가 닮아버린 무기력과 외로움이 너무 힘들어. 같은 방식으로 내가 사랑하는 사람들을 외롭게 만들고 싶지 않아. 똑같은 방식으로 나를 포기하고 싶지 않아."

"엄마는 엄마가 더 나은 사람이 될 수 있다고 생각해본 적이 없어. 그래서 그냥 그렇게 있었나 봐."

"엄마, 내가 엄마를 닮은 게 너무 무서워. 내가 엄마의 감정을 이해하게 되는 게 너무 아파."

"딸은 엄마처럼 딸의 인생을 포기하지 마. 끝까지 집요하게 물고 늘어져. 스스로 해결해. 답을 찾아. 언제든지 엄만 여기 서 있을게. 엄마 튼튼해. 다 버틸 수 있어. 그러니까 딸하고 싶은 만큼 해."

"딸 하고 싶은 만큼 해." 엄마는 또 같은 말로 나를 울린다. "딸, 너만은 하고 싶은 만큼 다 하면서 살아." 두 손을 모아 빌듯 애절하게 뱉는 엄마의 이 말은 항상 나를 먹먹하게 만든다. 내가 놓치거나 포기한 걸 너만은 해야 한다는 간절한 마음을 난 몸서리치며 부인한다. 내 삶이 엄마의 대역이 아니기 위해서, 그녀가 마음껏 살기를 빈다. 기억나지 않는 때부터 내 몸에 쌓여온 죄책감을 조금이라도 덜어내기 위해 난 엄마의 행복을 빈다.

엄마가 긴 담배 연기를 내뿜고 나는 그 모습을 방충망 사이로 본다. 내가 뱉어낸 길고 축축한 숨은 엄마에게 보이지 않는다. 우린 그렇게 말없이 찬바람 속에 우린 앉아 있다. 우리에게는 침묵 말고 나눌 것이 없다. 곧 엄마는 말없이 일어난다. 멀어지는 발걸음을 묵묵히 듣고 자동차에 시동이 걸리면 난 마지막 말을 시작한다.

"엄마. 나는 엄마 때문에 살지 않으려고 애써왔어. 그러니까 엄마도 나 때문에 살지 않았으면 좋겠어. 엄마 집이 좋아. 그치만 여긴, 엄마 집이잖아. 나한테도 집이 필요해. 내 책을 꽂고 창가에 꽃을 두고 내 몸을 뉘이면 내일이 두렵지 않아지는 그런 나의 자리가 필요해. 이제 이해해줘. 엄마가 나의 집일 수 없다는 것을. 내가 이 집을 떠날 수 있게 도와줘."

"그동안 치료가 되지 않았던 이유가 전부 내 탓이라고 생각했다"라는 말을 했다. 수많은 치료를 받았음에도 불구하고 나는 치료되지 않았고 이 정도면 그건 내 탓이라고 생각했다. 그렇게 난 치료를 포기했고 더 나아지길 포기했다. 상담을 시작했지만 그것을 동기 삼아 폭식을 줄이려는 노력도 하지 않고 있다. 그냥 모든 걸 놔두고 있다. 거기에 상담이 하나 추가됐을 뿐. '이대로 괜찮을까'라는 생각이 들지만 그 생각조차도 놔두고 있다.

"나는 너무 적응되어버렸어." 엄마에게 이 말은 하지 못했다. 내가 느끼는 절망을 엄마도 느낄 필요는 없다. 이미 엄마는 절망을 겪을 만큼 겪었다. 그 말 대신, "이번 상담 선생님은 내가 만난 치료자 가운데 이 병을 가장 잘 이해하는 분 같아"라고 말했다. 엄마와 내가 가질 수 있는 희망을 말하고 싶었다.

한 번도 말하지 못했던 것을 말했다. "사실, 폭식보다도 우울증이 너무 힘들어서 상담을 시작했어. 되돌아보니, 엄마가 내게 사랑을 '우울하게' 표현했듯 나도 내 애인에게 사랑을 '우울하게' 말하고 있었어. 정말 싫지만, 난 엄마를 닮아 있었어." 엄마의 가슴이 철렁 내려앉는 것이, 미안함에 입술이 파르르 떨리는 것이 소리로 느껴지는 듯했다. 난 차마 엄마의 눈빛을 바라보지 못하고 먼 산과 흐린 하늘만 바라봤다.

무기력. 이 세 글자가 나와 엄마의 삶을 잇고 있다. 어떤 이유에선지 우리 두 사람은 세상 앞에 무기력했다. 온몸을 바쳐도 성취되지 않는 희망. 열정을 다해도 갖기 어려운 자부심. 아무리 애를 써도 도저히 모방할 수 없었던 '아늑한 가정', '따뜻한 부모', '다정다감한 자식'. 엄만 세상을 두려워했다. 내가 태어나면서 현실은 엄마에게 더 두려운 존재가 되었다. 의지대로 바꿀 수 없는 세상에다 의지와는 다르게 움직이는 가장 소중한 존재를 내놓는다는 건 엄마에게 초를 다투는 급박한 시간이 끝없이 흐른다는 것과 같았다. 엄만 나를 위해 나의 세상을 통제하고 싶어 했다. 그래서 항상 바빴다. 내가 넘어지기 전에 돌을 치우기 위해서, 내가 배고프기 전에 음식을 주기 위해서, 내가 울기 전에 달래주기 위해서. 엄만 나보다 앞서서 나를 돌보기 위해 나를 보지 못했다.

난 엄마의 뒤를 쫓았다. 등에서 표정을 읽어야 했다. 엄마의 예상에서 빗나가지 않기 위해서, 엄마의 발자국을 따르느라 내 주변은 보지 못했다. 내 발보다 엄마의 발을 봤고 내 몸보단 엄마의 몸을 따랐다. 그러나 내 마음만은 엄마와 같아질 수 없었다.

마음이 몸을 따르지 않고 몸이 마음을 따르지 않는 상태. 그게 무기력이었다. 마음과 몸이 분리된 채로 하늘을 보고 밥을 먹고 울고 웃었다. 웃고 있는 내 입을 몸은 이해하지 못했고 화가 나는 마음을 몸은 따르지 않았다. 그 사이에서 점점 가랑이가 찢어지던 나는 아예 몸도 마음도 포기할 순 없을까를 고민했다. 몸도 버리고 마음도 버리고 싶었다. 그만 아프고 무난히 숨고 싶었다.

　내가 섭식장애 속에 내 몸과 마음을 던진 것처럼 엄마는 일에 엄마의 몸과 마음을 바쳤다. 엄마는 한순간도 고요한 상태로 있기를 어려워했다. 현실을 잊기 위해서, 실제의 자신을 느끼지 않기 위해서 전부를 내던질 무언가를 필요로 했다. 그건 일이기도 했고 책이기도 했다. 그러다 저녁 6시쯤만 되면 엄만 초등학생 시절로 돌아갔다. 지는 석양을 바라보며 미처 끝내지 못한 그리움 속으로 빨려 들어갔다. 엄마를 그리워하는 엄마 곁에서 나는 엄마가 돌아오기를 기다렸다.

　미처 언어가 되지 못하고 굳어버린 감정을 짊어진 채로 살아가는 것. 그게 무기력이었다. 시도 때도 없이 온몸을 짓누르는 감정 덩어리를 견뎌내야 하는 것. 감정이 향해야 할 대상은 잃어버린 채 홀로 감정을 씹고 삼키고 뱉기를 반복하는 것. 소화되지 못한 감정으로 범벅된 엄마의 몸에 안기면 슬픔이 몰려왔다. 슬픔에 묻혀 사랑을 말할 수가 없었다.

상옥

잠자는 엉덩이로 따뜻하고 따가운 손이 들어온다. 손은
내 엉덩이를 잡고 장난을 친다. 귓가에 콧바람이 느껴진다.

"오초코초쿠초쿠초쿠초쿠."

나는 간지러운 느낌에 자지러지게 웃는다. 콧바람은 내
귓가를 고집스럽게 따라온다.

"어처구처저구처구처쿠처고."

백기를 들고 눈을 뜨면 엄마의 얼굴이 보인다.

"우리 딸 잘 잤어?"

콧속 깊이 고소한 아침밥 냄새가 느껴진다. 탄수화물과
단백질을 기름에 볶은 냄새다. 아침 반찬을 추측한다. 오늘
도 감자볶음에 계란 프라이구나. 엄마의 반찬엔 별로 변화

가 없다. 난 거기에 불만이 없다. 우리가 얼굴을 마주하는 유일한 시간, 그 아침이 내겐 소중하다.

다른 사람들 앞에서는 유머러스한 사람이었지만 집에서 엄마는 달랐다. 안 돼, 위험해, 조심해, 추워, 큰일 나. 엄마의 불안한 시선은 항상 내 등을 좇았다. 나의 작은 투정에도 엄마는 쩔쩔맸다. 그러다 이따금 자기 화에 못 이겨 울었다. 엄마가 화를 삭이기 위해 현관문을 열고 밖으로 나가면 난 불안해졌다. 엄마가 돌아오지 않거나 난간에서 떨어질 것 같았다. 두려움에 문을 열지도 못하고 현관 근처에 서서 우는 것이 내가 할 수 있는 전부였다.

해 질 녘이 되면 엄마의 눈빛은 어김없이 변했다. 몸은 내 옆에 있지만 마음은 저 멀리 떠나버린 느낌. 엄마는 노을을 보면 시골길에 홀로 서 있던 열세 살 때가 떠오른다고 했다. 엄마가 과거의 기억 속에 침잠되면 난 묵묵히 침묵을 지켰다. 숨 막히는 고요. 그 무게를 덜어주는 것은 라디오나 텔레비전 소리가 전부였다. 과거에서 현실로 돌아온 엄마의 눈망울에는 외로움과 슬픔, 그리고 불안이 서려 있었다. 흔들리는 눈빛. 그 너머에 흐르는 엄마의 역사는 지금 나의 몸에도 흐르고 있다.

엄마는 딸부잣집 7남매 중 다섯째로 태어났다. 집은 가난했고 엄마의 여자 형제들은 일찍이 학업을 포기당하고 생계 전선에 올랐다. 엄마가 학교에 입학한 후, 엄마의 형제와 부모는 돈을 벌기 위해 서울로 떠난다. 엄마는 시골에 남겨져 조부모와 삼촌들 속에서 자랐다. 술에 취해 낫을 들고 싸우는 삼촌들, 상습적으로 엄마의 옷을 들추던 남자 어른들, 오줌 지린내가 가시지 않았던 할머니의 체취. 그 속에 어린 '상옥'이 있었다. 빈속을 수돗물로 채운 날들, 등굣길에 꽁꽁 언 땅을 파 생감자를 묻었다가 하굣길에 꺼내 먹은 기억, 친구네 담벼락 너머로 "엄마, 상옥이는 거지인가 봐. 맨날 애들 도시락 뺏어 먹어"라는 말을 들었던 밤은 상옥의 마음에 차곡차곡 쌓였다.

국민학생 상옥은 새마을운동에 열심이었다. '마을문고'를 만들고 새벽 5시면 일어나 거리를 쓸었다. 비 오는 날, 어린 상옥은 땅에 떨어진 태극기 그림을 발견하곤 울먹거리며 손 위에 그림을 올렸다. 젖은 그림을 정성스레 집으로 가져와 불에 태우며 감히 태극기 그림을 땅에 버린 사람에게 분노했다. 군사 정권이 내린 지휘와 지시는 의지할 데 없던 상옥을 지켜주는 단단한 축이었다. 보호를 기대할 어른을 갖지 못했던 상옥은 독재의 목소리에 기대어 불안한 마음을 붙잡았다.

그랬던 상옥은 대학에 진학해 지하서클에 가입한다. 그동안 굳게 믿고 있던 세상의 이면을 알게 된 청년 상옥은 또

한 번 새로운 이념과 가치에 투신했다. 민주주의와 노동자의 권리를 향한 열정, 위장 취업, 파업, 데모와 구속으로 채워진 상옥의 20대는 뜨겁고 선명했다. 그러나 1991년 소련의 붕괴 이후, 모든 게 순식간에 변했다. 영원할 것 같았던 운동권 동지들은 뿔뿔이 흩어졌다. 상옥은 망명하듯 구미로 갔다. 거기에서 나의 아빠를 만났고, 날 낳았다.

나를 낳고 산부인과에서 퇴원하는 날, 엄마가 된 상옥은 이혼을 결심했다. 그날 병원에 아빠는 오지 않았다. 돈이 없다며 병원비도 보내지 않았다. 상옥은 '이렇게 사는 모습을 내 딸에게 보여줄 수는 없다'라고 생각했다. 퇴원 직후 상옥은 딸을 데리고 자신의 둘째 언니 집으로 들어갔다. 100일 뒤 대학 복학과 생계 활동을 시작했다. 강의를 듣다가 흐르는 젖을 부여잡고 화장실로 뛰어가 변기에 젖을 짜버려야 했다고, 과외로 버는 돈이 너무도 모욕스러워서 단 한 번도 받은 돈을 세어본 적이 없다고, 엄마 상옥은 자신의 30대 초반을 그렇게 설명했다.

생계에 치이는 속에서도 엄마는 자주 영화를 봤다. 거의 매일 비디오 대여점에서 영화를 빌려왔다. 로맨스물, 역사물, 뮤지컬, 전체 이용가, 18세 미만 이용 불가, 가족 영화, 에스에프. 엄마의 영화 취향은 넓고 다양했다. 어떤 영화는 몇 번씩 다시 봤다. 그래도 부족하면 아예 비디오테이프를 사버렸다. 망하는 비디오 대여점을 뒤져 좋아하는 비디오 테이프를 몇 개씩 사는 건 엄마의 중요한 취미 생활이었다.

잘 준비가 끝나면 엄마는 영화를 틀었다. 혼자 자기 싫은 나는 꼭 엄마 옆을 비집고 들어가 누웠다. 영화의 오프닝이 시작되면 엄마에게 나는 잊히고 오직 엄마와 영화만이 남았다. 어둠 속에서 텔레비전 화면 빛을 통해 본 엄마의 얼굴은 편안해 보였다. 근심 걱정이 없어 보였고 평소와 달리 다양한 표정을 지었다. 엄마가 편안하면 안심이 됐다. 안심한 마음으로 엄마의 품을 느끼다 보면 스르륵 잠에 빠져들었다.

잠결에 스치듯 본 영화들은 은근히 오랫동안 기억에 남았다. 경비원이 애완견을 들통에 넣어 삶는 장면(나중에 알고 보니 봉준호 감독의 〈플란다스의 개〉였다), 딸과 엄마가 싸우는 장면(강렬한 김혜자 배우님의 의상 덕분에 그 영화가 〈마요네즈〉였다는 걸 후에 알게 됐다), 불량해 보이는 사람들이 만든 밴드(스물이 넘어서야 그 영화가 〈와이키키 브라더스〉라는 걸 알게 됐다), 사랑 편지를 읽고 있는 조폭(영화 〈파이란〉이었다) 등. 짧게 각인된 영화 장면들은 내 머릿속에서 뒤죽박죽 섞여 넓고 다양한 사회상을 만들었다. 국경을 넘은 사랑도 있고 나이 차를 넘어서는 사랑도 있다는 것, 성별은 사랑에 중요하지 않다는 것, 세상엔 '그냥' 무시당하는 사람이 있다는 것 등등. 영화는

2부 | 나를 키운 여성들

어쩌다 보니 내가 세상을 배우는 데 가장 큰 비중을 차지하는 매체가 되었다.

영화 다음으로 엄마에게 중요한 취미가 있다면 그건 단연 시디를 사는 일이었다. 엄마에겐 단골 레코드 가게가 있었고 주기적으로 들러 새로 나온 시디를 샀다. 엄마는 국내외 가리지 않고 마음에 드는 음악을 찾아 모았다. 록, 샹송, 클래식, 민중가요, 민요. 덕분에 나는 동요나 가요보다 해외 록 음악이나 민중가요를 많이 들으며 자랐다. 천장에서 비가 새는 날, 엄마는 나와 같이 〈사노라면〉을 불렀다. 차를 타고 이동할 때 양희은의 〈아침 이슬〉이나 김민기의 〈작은 연못〉을 들으며 따라 부르는 건 일상이었다. 엄마는 차에서 노래를 크게 틀어놓고 자동차 핸들을 손톱으로 치면서 몸 흔들기를 좋아했다. 엄마의 자동차 핸들엔 언제나 손톱자국이 가득했다. 지금 생각해보면 아주 위험한 운전 습관이지만 그때는 엄마가 즐거워하니 나도 신이 났다. 엄마는 자동차만큼 좋은 스피커는 많지 않다며 내게 당부했다. "채영아. 너는 나이 들면 꼭 자동차를 사야 해. 여자는 이런 게 필요해."

종종 엄마는 어린 내 손을 잡고 소풍을 가듯 집회에 참석했다. 차에 달린 확성기에서 익숙하고 오래된 노래가 들려오면 우리가 집회 장소에 거의 다 도착했음을 알았다. 장소에 가까워질수록 엄마는 달라졌다. 평소에 볼 수 없는 기운이 얼굴을 밝혔고 다른 때보다 힘있게 내 손을 쥐었다. 빨간 띠를 이마에 두른 어른들은 비슷한 색의 조끼를 입고 엄마와 나를 반겼다. 나는 아저씨들의 어깨를 놀이기구 삼아 탔고 그 위에서 피켓을 흔들거나 구호를 외쳤다. "○○하라! 투쟁!" 그런 나를 보고 어른들은 깔깔깔 웃거나 흐뭇한 미소를 지었다.

집회 현장에 가면 항상 엄마를 아는 사람들이 있었다. 엄마는 나를 그들에게 소개했고 엄마의 사람들은 나를 기특해했다. 어른들의 뿌듯해하는 눈빛을 보면 운동권의 딸로서 인정받는 느낌이 들었다. 강요하는 사람도, 기대의 말을 꺼내는 사람도 없었지만, 엄마가 했던 일을 대물림받아야 한다는 의무감과 책임감이 내 가슴을 부풀렸다. 엄마 손을 잡고 구호를 외치거나 노래를 따라 부르다 보면 엄마와 하나가 되는 것 같았다. 그건 잠을 자거나 밥을 먹거나 학교에서 좋은 성적을 받았을 때는 가질 수 없는 든든한 기분이었다. '박상옥의 딸'로서 인증받았다는 뿌듯함. 딸의 역할을 해냈다는 만족감. 의미도 알지 못하는 구호와 노래에 난 그렇게 심취했다.

실은 엄마가 집회에서 겁먹는다는 걸 알게 된 건 내가 스물이 다 되어서다. 한진중공업 희망버스를 타고 부산에 내려갔을 때였다. 엄마와 같이 시위대에 합류했는데, 엄마는 자꾸 앞으로 가는 나를 뒤로 끌어당겼다. 선두로 가자는 나와 뒤로 빠지자는 엄마. 신경질이 나서 뒤에 있던 엄마를 보니 눈에 잔뜩 겁을 먹은 상태로 울상을 짓고 있었다. 그제야 깨달았다. 내게 항상 주문을 외듯 조심하라고 하고, 공중화장실에 가지 말라 하고, 나 혼자 찻길을 걷는 것조차 겁을 내던 사람과 한때는 시위를 주도하던 사람이 동일 인물이라는 것을. 내가 지금 손잡고 있는 사람은 '왕년에' 운동가였지만 지금은 '한 아이의 엄마'일 뿐이라는 것을. 난 고집을 꺾고 시위대 뒤쪽을 향했다. 엄마의 손이 덜덜 떨리고 있었다.

그런 상옥은 교실에서 학생들 앞에 설 때면 더 이상 겁 많은 엄마가 아니다. 상옥은 교실이 자신의 무대처럼 느껴진다고 했다. 학생들 앞에 서면 빛나고 당당해진다. 학생들과 조금 더 나은 지적 자극을 공유하기 위해 치열하게 고민하고 성실하게 수업을 준비한다. 갈등을 용감하고 현명하게 해결한다. 내 앞에서는 주눅 들고 소극적인 엄마지만 학생들을 만나면 편안하고 즐거워 보인다. 한때 나는 그런 엄마가 미웠다. 차라리 나도 엄마의 학생이길 바랐다. 나이가들면서 조금씩, 천천히 자신의 직업을 즐기는 엄마를 보는게 덩달아 즐거워졌다. 고민하고 공부하고 만족감을 느끼는 엄마를 보는 게 내게 큰 행복이라는 것을 알게 됐다. 엄마가 '엄마'이기만 할 필요가 없어서 얼마나 다행인지 모른다. '상옥'이었다가 '선생님'이었다가 '누군가의 친구'였다가 다시 '나의 엄마'가 되는 모든 걸 바라볼 수 있어 기쁘다.

태산 같았던 엄마의 몸은 조금씩 왜소해지고 나는 가늘어진 그녀의 팔을 꽉 붙든다. 여전히 엄마의 손은 거칠고 단단하지만 그 손이 헤쳐온 세월을 알기에 두툼한 손이 전처럼 강하게만 느껴지진 않는다. 난 까칠하고 따뜻한 그 손을 꽉 붙잡고 엄마를 느낀다. 엄마가 살아온 시간을 더듬더듬 되짚어본다. 살아내줘서 고맙다고 말하고 싶다. 그 삶을 버틴 엄마가 있었기에 내가 있고, 내가 있기에 엄마가 지금까지 더 살 수 있었다고 생각한다. 강인하게 세상을 견딘 엄마 덕분에 내겐 당차고 용감한 여성이라는 유산이 남았다. 엄마가 있어서 이 세상을 살아내는 게 조금 덜 무서울 것 같다.

"딸!" 하며 부르는 소리에 마음이 요동친다. 한때 벗어나지 못해 지긋지긋했던 그 소리는 사실 날 지켜낸 간절한 외침이었다. 조심스레 인정해본다. 상옥, 당신이 내 엄마라서 참 좋다.

상분

"미안하지만 담배 한 대 피우고 올게요."

서너 살 무렵, 여느 때처럼 혼자 역할 놀이를 하던 내가
툭 뱉은 말에 이모는 자지러지게 웃었다. 그러고는 한마디
를 했다.

"야, 이년아. 뭐가 미안해. 그냥 당당하게 피워."

상분은 그런 여자였다.

기억한다. 햇살이 부서지던 마룻바닥을. 바람에 휘날리
던 커튼과 그 너머로 보이던 작은 정원. "꺄르르" 하며 허공
에 흩뿌려지던 웃음소리와 찰지게 바닥을 박차고 나아갔던
발의 촉감. 내 생애 첫 집. 그곳엔 여자들이 많았다.

넓고 둥근 식탁에 둘러앉아 수다를 떠는 여자들을 기억

한다. 뿌연 담배 연기를 내뱉는 여자들의 옆모습을 기억한다. 담배 냄새와 화장품 냄새가 뒤섞여 내 코를 자극했다. 높은 톤의 목소리들이 내 귀를 꽉 채웠다. 여자들의 말소리 속에서 내 삶은 시작됐다. 내 생애 첫 소망은 그 여자들의 대화에 끼는 것이었다.

엄마와 나의 첫 보금자리. 그 집은 상분의 집, 그러니까 나의 둘째 이모네였다. 이모 집엔 손님이 자주 왔다. 이모의 친구들이었다. 그 모두를 나는 이모라 불렀다. 이모들은 나를 오월이라 불렀다. 오월이는 둘째 이모가 나를 부르는 애칭이었다. 나는 내 이름보다 이모의 애칭을 더 익숙하게 느끼며 자랐다. '오월'이라는 이름은 나를 특별하게 만드는 느낌이었다. 이모의 사랑은 내가 가질 수 있는 것 중 가장 확실하고 특별한 것이었다.

이모와 엄마는 각별한 사이였다. 이모는 자신이 일해 번 돈으로 엄마의 대학 등록금을 지원했다. 입학 축하 선물로 좋은 시계, 코트 등을 아끼지 않고 줬다. 내가 태어나던 날 분만실 밖에서 발을 동동 구르며 기다린 것도 이모였다. 퇴원하던 날 병원에 와서 병원비를 지불한 것도, 엄마의 산후 조리를 도운 것도 이모였다. 둘째 이모는 일과 공부를 병행하느라 바쁜 엄마를 대신해 나를 먹이고 씻기고 입히고 재웠다. 나를 다루는 이모의 손은 거침이 없었다. 내가 젖을

먹다 가슴에 코가 묻혀 숨이 막힐까 봐 불안해하던 엄마와
는 달랐다. 이모는 나를 덥석 잡아 올리고, 입에 쑥 밥을 넣
어주고, 왕창 끌어안았다. 금이야 옥이야 잔뜩 긴장하며 나
를 만지던 엄마보다 나를 망설임 없이 쓰다듬는 이모가 더
편했다.

나는 나를 바라보는 이모의 눈빛을 좋아했다. 이모의 눈
에는 나를 향한 신뢰가 담겨 있었다. 나에게 안 좋은 일이
벌어질까 봐 미리 걱정하는 엄마에게 이모는 항상 같은 말
을 했다. "괜찮아, 오월이잖아." 내가 실수하는 날에도 이모
는 말했다. "걱정 마, 오월이잖아." 나의 작은 성장도 이모
는 놓치지 않았다. 그리고 말했다. "역시, 오월이잖아."

나를 향한 이모의 믿음 덕에 난 이모 앞에서 솔직할 수
있었다. 엄마보다는 이모 앞에서 실수와 부족함을 드러내
기 쉬웠다. 이모는 나의 생각과 감정을 과도하지 않은 반응
으로 적절히 수용해줬다. 나 또한 이모의 생각과 감정을 듣
고 느끼는 것을 두려워하지 않았다. 아마도 우리가 진짜 모
녀 관계가 아닌 '유사 모녀 관계'였기 때문에 가능했을 것이
다. 서로의 사랑을 독점하길 원하지 않을 수 있는 거리감 속
에서, 상대의 삶을 책임져야 한다는 부담감 없이 마음껏 좋
아하고, 상처받을 두려움 없이 주고 싶은 것을 줄 수 있는
사이. 이모는 나에게 '완벽한 엄마' 같았다.

반면, 이모는 유난히 자신의 딸에게 매서웠다. 때론 가혹하리만큼 딸을 몰아세웠다. 사촌 언니는 이모 앞에만 서면 늘 움츠러들었다. 이모는 언니와 관련된 일에서는 유연성을 잃고 혼란스러워했다. 이모는 언니에게 따뜻하다가도 차가웠고 수용적이다가도 가차 없었다. 이를테면 이모는 언니의 첼로 연주를 가족들에게 자랑하고 싶어 하면서도 언니가 더 칭찬받고 싶어 하면 사람들에게 피해를 준다며 혼을 냈다. 모든 사람에게 맛있는 음식을 해주는 걸 좋아했던 이모는 잘 먹는 언니에게 "살찌니까 그만 먹어"라는 말로 기를 죽였다. "우리 딸은 나 닮아서 팔다리가 짧아"와 같은 수치스러운 평가의 말이 일상적으로 오갔다. 기억한다. 이모와 언니 사이에 흐르던 긴장을. 그 곁에 있으면 나도 덩달아 긴장했다.

나는 이모가 편하면서도 무서웠다. 내게 보이는 표정과 사촌 언니에게 보이는 표정의 간극이 혼란스러웠다. 이모가 사촌 언니를 혼낼 때면 방문 밖에서 딱딱하게 굳은 몸을 하고서 나도 혼날 수 있다는 가정을 머리에 새겼다. "싫어"라는 말은 이모 앞에서 엄두를 낼 수 없는 단어였다. 나는 이모가 좋아하는 것을 따르고 싫어하는 것은 절대 하지 않았다. 내가 이모의 말을 잘 따를수록 난 이모의 딸과 비교 대상이 되어갔다.

2부 | 나를 키운 여성들

이모 대신 사촌 언니에게 대가 없는 애정을 준 것은 엄마였다. 엄마는 회사 책상에 언니의 사진을 놓을 만큼 언니를 애틋하게 여겼다. 언니를 대할 때 엄마의 표정은 밝아졌다. 엄마는 이모에게 혼이 나 울고 있는 언니를 품에 안고 달랠 줄 알았다. 속상해하는 언니를 데리고 영화관에 갈 줄 알았다. 나와 엄마 사이에는 없는 유대감이 사촌 언니와 엄마 사이에는 있었다.

그 때문에 언니와 나 사이에는 필연적으로 애증과 긴장감이 돌았다. 우리는 직접적으로 관계 맺을 기회 없이 둘 사이에 낀 엄마들을 정서적, 물질적으로 공유했다. 나는 언니를 동경했지만 좋아할 수 없었다. 언니는 내게 미움을 느끼면서도 의무적으로 나를 사랑해야 했다. 나와 언니는 각자의 엄마를 서로의 '대리 엄마'로 내어줘야 했다. 자신의 엄마에게 한 번 받으면 충족될 결핍을 서로의 엄마를 통해 수십 번, 수백 번, 수천 번 채워야 했다. 결과적으로 언니와 난 유사한 형태의 허기를 품고 자랐다. 내가 거식증으로 병원에 입원했을 때 비로소 언니는 자신의 오래된 섭식장애를 고백했다.

40킬로그램 남짓의 내 몸을 힘껏 껴안을 줄 알았던 이모는 폭식증에 시달리는 큰딸의 집엔 단 한 번도 방문하지 않았다. 당신이 해준 음식을 먹고 바로 화장실로 가는 딸을 붙잡지도, 외면하지도 못하고 이모는 과일을 깎았다. 이모 집에서 언니와 같이 살았을 때, 화장실에 남겨진 언니의 토 사물 흔적을 치우는 건 나였다. 그 모든 걸 방치하고 그저 음식을 했던 이모의 무기력이, 알 것 같으면서도 밉다.

이모는 자신의 어린 시절을 얘기할 때 꼭 '못난이'라는 표현을 썼다. 머리가 앞짱구, 뒷짱구여서 못난이 인형 취급 을 받았다고, 오직 이모의 친할아버지만이 이모를 예뻐했 노라고. 요즘 시대에나 이런 얼굴을 예쁘다고 하지 그땐 아 니었다고. 톡 튀어나온 이마, 짙은 눈썹, 오똑한 코, 도톰한 입술. 외모는 이모를 설명할 수 있는 아주 일부에 불과하지 만 이모는 자신을 늘 그렇게까지만 설명했다. 사실 이모는 음악과 문학을 좋아하는 사람이었다. 아름다운 것을 보는 눈이 있는 사람이었다. 20대 초반, '이숍'이라는 이름의 구 제 옷 가게를 하며 이모의 안목은 빛을 발했다. 이모는 새 로운 것을 배우고 나누기를 좋아하는 사람이다. 그럴 때면 이모의 눈이 정말로, 반짝인다. 그 눈빛을 오래도록 보고 싶다.

자신을 '못난이'라 표현하던 이모를 떠올리면 속상하다. 사람들이 자신에게 붙인 못난이 스티커에 가려 자기 능력 을 활짝 피우지 못한 건 아닐까. 일찍이 가족 생계에 대한 책임감을 짊어지고 거기에서 자신의 존재 의미를 찾았던

2부 | 나를 키운 여성들

건 아닐까. 가족들의 '못난이'가 되지 않기 위해서 가족을 위해서만 살아온 건 아닐까. 내가 읽은 책 얘기를 들으며 눈을 반짝이던 이모의 얼굴에서 자식 교육에 집착했던 이모의 마음을 가늠해본다. 자식들에게 주지 못해 안달했던 교육들이 어쩌면 이모 자신이 받고 싶었던 지원과 배움이었을지도 모른다고.

기숙사가 키운 아이

아홉 살 가을. 빨간 '마티즈'에 짐을 싣고 엄마와 나는 서울에서 전북 무주 안성면으로 내려갔다. 30만 원 남짓의 전 재산을 들고 내려간 낯선 시골. 거기서 엄마는 나와의 새로운 삶을 시작했다.

엄마는 대안학교인 푸른꿈고등학교의 여자 기숙사 사감으로 취직한 터였다. 나는 엄마를 따라 처음에는 주말마다, 나중에는 주중에 기숙사에서 생활했다. 기숙사에서의 첫날, 긴 복도에 양쪽으로 앉아 있던 언니들에게 복도 끝에 서서 인사를 했다. 나는 그날 머리 염색을 하거나, 피어싱을 하거나, 화장을 한 학생을 처음 봤다. 곧 익숙해졌지만 그날은 겁이 날 만큼 낯설었다. 나의 기숙사 생활은 그렇게 시작됐다.

기상송으로 아침이 시작되면 샤워실 쟁탈전이 벌어진다. 나는 그 속에서 '사감 딸'의 특권으로 샤워실 사용을 배려받곤 했다. 엄마 없는 방에서 혼자 책가방을 챙겨 메고, 속옷만 입고 복도를 돌아다니는 언니들 사이를 지나 기숙사 옆 급식실에 가면 엄마가 학생들의 밥을 챙기고 있었다. 나는 학교 학생들과 같이 줄을 서고 배식을 받았다. 그게 그날 엄마를 마주하는 첫 순간이었다. 엄마 손을 잡고 학교 가는 버스를 타러 가는 5분 남짓은 하루 동안 엄마와 내가 단둘이 있을 수 있는 유일한 시간이었다.

학교를 마치고 기숙사로 돌아오면 사감실에 언니 한둘이 이미 누워 있었다. 사감실 문을 잠그는 게 원칙이지만 (심지어 분명 잠궜지만) 카드나 젓가락으로 쉽게 딸 수 있었다. 방바닥에 드러누운 언니들 옆으로 봉지만 남은 내 과자들이 보였다. "채영아, 미안해"라고 하면서도 언니들은 일어날 생각이 없어 보였다. 나는 서둘러 가방을 풀고 밖으로 나갔다. 엄마를 찾고 싶지만 찾을 수 없었다. 다시 기숙사 방으로 돌아가면 여전히 언니들이 누워 있었다. "학교에서 뭐 했어? 이상한 애는 없고?" 언니들은 내게 관심이 많았다. 엄마도 잘 묻지 않는 걸 언니들은 물었다. 그리고 언니들은 나를 의식한 듯 의식하지 않으며 자신들의 수다를 이어갔다. 연애사, 부모와의 투쟁사, 시답잖은 농담들…… 난 그 옆에서 숙제를 했다.

　푸른꿈고등학교에 모여 있는 학생들은 어린 나도 느낄 수 있는 만큼 내상이 많은 사람들이었다. 부모에게 치이고 교사에게 치이고 학교 시스템에 치여 상처를 입은 10대. 반대로 말하면 기존의 부모, 교사, 시스템이 담아낼 수 없는 이들이었다. 오래 묵은 상처는 일상에서 예고 없이 폭발했다. 곪고 터지고 뜯겼다. 덕분에 기숙사는 바람 잘 날 없었다. 상처끼리 부대끼다가 서로의 곁에 부비게 되고, 그러다가도 다시 펑 하고 터져버리고 다시 잠잠해졌다. 그럼에도 불구하고 기숙사에는 왕따가 없었다. 나조차도 소외되지 않았다. 나는 내가 다니는 학교 교실보다 푸른꿈고등학교 여자 기숙사를 더 따뜻하고 편안하게 느꼈다. 누가 알았을까. 어느 대안학교에 모여 있는 피어싱, 염색, 화장에 물든 10대들이 타인에게 그렇게 다정할 수 있다는 것을.

　그날도 긴 복도에 언니들이 양쪽으로 앉아 있었다. 나도 익숙하게 한자리를 차지하고 열 끝에 있는 엄마를 바라봤다. 정기적인 기숙사 전체회의였다. 엄마는 빨간색 커버로 된 작은 책을 꺼내 들었다. 현경의 《미래에서 온 편지》였다. '우리'는 같이 '여신의 십계명'을 소리 내어 읽었다.

1. 여신은 자신을 믿고 사랑한다.

2. 여신은 가장 가슴 뛰게 하는 일을 한다.

3. 여신은 기, 끼, 깡이 넘친다.

4. 여신은 한과 살을 푼다.

5. 여신은 금기를 깬다.

6. 여신은 신 나게 논다.

7. 여신은 제멋대로 산다.

8. 여신은 과감하게 살려내고, 정의롭게 살림한다.

9. 여신은 기도하고 명상한다.

10. 여신은 지구, 그리고 우주와 연애한다.

이 십계명은 한동안 기숙사 게시판에 붙어 있었다. 짧은 순간이었지만 20년이 지나도록 그 시간이 기억나는 이유는 공간에 감돌던 흥분 때문일 것이다. 분명, 그 자리에 있던 모든 '여성'들은 같이 흥분했다. 스스로를 '여신'으로 칭하는 기쁨, 여신이라는 '우리'로 묶인 든든함, 막막한 미래 앞에 내려진 선명한 십계명. 특히 언니들과 엄마는 세 번째 십계명을 힘주어 읽었다. "여신은 기! 끼! 깡이 넘친다." 난 그날 '깡'이라는 단어를 처음 배웠다. 뜻을 알지 못했지만 모두의 목소리가 '깡'에 강조되어 있음을 느꼈다. 여자가 세상을 살아가는 데 필요한 태도라는 걸 본능적으로 알았다.

그날, 난 마음에 '깡'을 새겼다.

기, 끼, 깡이 넘치는 여성들이었다. 염색과 피어싱, 반항적인 표정과 욕설 섞인 말버릇은 그녀들의 끼와 깡을 표현하기에 부족했다. 청바지를 이용해 구두 리폼하기, 화투점치기, 전기포트에 스프와 라면 끓여 먹기, 캐릭터 모양으로 염색하기, 귀 뚫기…… 작은 매점도 없는 시골 마을의 지루한 시간을 언니들은 온갖 방법으로 보냈다. 자신들의 숙제는 하지 않으면서 내가 가져온 학교 숙제에는 열과 성의를 다해 집중해줬다. 대여섯 명의 고등학생이 사감실 바닥에 쪼그려 앉아 스케치북에 모자이크를 붙이던 모습이 아직도 생생하다.

사감 업무에, 학교 식당에, 몇 개의 수업까지. 엄마의 24시간은 짧았다. 엄마는 방에 들어왔다가 나갔고, 들어왔다가 또 나갔다. 가끔은 날 재운 뒤 몰래 나갔고 중간에 어김없이 깨버린 나는 통곡하며 엄마를 찾았다. 열 살이 넘어 뒤늦게 분리불안을 겪던 내 곁을 지킨 건 기숙사 언니들이었다. 엄마 대신 내 옆에서 자다가 내가 깨면 같이 깼고 쩔쩔매며 나를 달랬다. 단 한 명도, 단 한 번도 나에게 짜증을 내지 않았다. 그저 "채영아, 울지마", "채영아, 미안해" 하며 내 엄마의 연락을 기다렸다. 자다 깬 나는 엄마가 받을 때까지 전화를 걸었고 엄만 나중에 핸드폰을 꺼버렸다. 금방 온

다는 거짓말에 더 이상 속지 않게 된 나는 갈수록 우는 시간
이 길어졌다. 언니들은 그 자리를 묵묵히 지켰다. 나의 분리
불안을 끝까지 견딘 건 엄마가 아닌 언니들이었다.

엄마와 친한 언니 몇은 주말에도 우리 집에 와서 자고
갔다. 엄마는 언니들과 영화 보는 걸 좋아했다. 난 덩달아
옆에 앉아 잘 이해되지 않는 영화를 같이 봤다. 키스 장면이
나 성관계 장면이 나와도 내 눈을 가리는 사람은 없었다. 난
알아서 눈을 가리고 귀를 막다가 나중엔 익숙해져서 그냥
보게 됐다. 분명 좋은 방식의 교육(?)은 아니었지만 덕분에
난 내 또래보다 세상이 품은 다양한 삶을 더 많이 접할 수
있었다.

종종 엄마는 주말 동안 언니들에게 나를 맡기고 연수나
강의를 들으러 서울에 다녀왔다. 그러면 언니들은 우리 집
에 와서 바닥에서 뒹굴다가 때가 되면 저녁을 해먹고 잠을
잤다. 가끔은 엄마와 단둘이 잘 때보다 언니들과 잘 때가 더
무섭지 않았다. 귀신이 있어도 언니들의 카랑카랑한 목소
리에 기죽어 도망갈 것 같았다. 언니들은 절대 날 버리고 가
지 않을 거라는 믿음이 있었다.

중학교를 그만두고 병원에 입원하기 전, 내가 아홉 살,
열 살 때 기숙사에서 같이 지냈던 언니들을 만난 적이 있다.
당시 나는 거식증으로 깡마른 상태였고, 신경질적이고 날

카로웠다. 언니들은 나에게 걱정 섞인 말을 하거나 울지 않은 최초의 성인들이었다. 언니들은 약속이나 한 듯 "네 탓이 아니라 네 엄마 탓이야"라고 말했다. 넌 괜찮을 거라고, 너희 엄마가 워낙 걱정이 많지 않느냐며 네 나이면 다 겪고 지나가는 일, 그냥 그런 거라고 날 안심시켰다. "언니들은 채영이 하나도 걱정 안 돼. 너희 엄마가 걱정이지." 그 말이 얼마나 위로가 되던지. 오랜만에 가벼운 마음으로 길을 걸었던 그 밤을 기억한다.

여전히 엄마에게서 푸른꿈고등학교 소식을 듣는다. 모교는 아니지만 고향 같아서, 엄마가 일하는 학교 얘기를 들을 때면 감정이 동요하고 마음이 쓰인다. 방황하는 학생들의 이야기를 들을 때면 학교를 그만두고 언니들을 만났던 날이 떠오른다. 당장이라도 그 학생들에게 달려가 내가 들었던 그 말을 해주고 싶어진다. "걱정 마. 무사히 지나갈 거야. 네 탓이 아니야. 어른들 탓이지."

언니들이 보여준 건 조건 없는 사랑이었다. 언니들은 한국사회와 어른들의 시선, 말, 태도로부터 받은 결핍과 상처를 나에게 되풀이하는 대신 응원과 지지로 내게 힘이 되어주었다. 덕분에 나는 결핍과 상처가 나의 흠집이 아니라 새로운 가능성이 될 수 있음을 배웠다. 한계, 갈증, 외로움은 삶을 좌절시키는 원인이 되기도 하지만 기존의 틀을 깨부

수고 자신의 길을 만들어갈 자원이 될 수도 있다. 작은 대안학교 기숙사에서 만난 우리는 완벽하지 않았지만 그랬기에 서로의 갈증을 알아보고 목을 축여줄 수 있었다.

초등학교 4학년 때였던가. 학교에서 '가족신문 만들기' 숙제가 나왔다. 나는 당연하게 나와 엄마, 그리고 기숙사 언니들을 담은 가족신문을 만들어갔다. 내 기억에 숙제를 본 담임 교사는 "가족은 혈연관계로 맺어진 것"이라며 이미 나도 알고 있는 설명을 해줬다. 그 순간, 나는 어른의 지적에 주눅 들지 않는 나를 발견했다. 세상이 뭐라 하든, 언니들은 나의 가족이었다. 난 처음으로 내가 자랑스러웠다.

냉장고가 꽉 찬 여자들

식당에서 작은 그릇에 소담하게 담긴 반찬을 보면 이모들은 어김없이 한 소리를 했다. "이걸 누구 코에 붙이니." 그릇 가득 반찬이 담기고 둥그런 상이 꽉 차게 반찬을 꺼내 놓고 먹어야 직성이 풀렸다. 이모들의 식탁은 늘 먹고 남을 만큼 차려졌다. 밥을 다 먹으면 과일과 떡이 나왔다. 그걸 다 먹고 나서야 식탁을 벗어날 수 있었다. 이모들에게 먹는 일은 가장 중요한 일과 중 하나였다. 자식의 입에 음식이 들어가는 것을 보는 일, 조카들의 배를 불리는 일, 내 가족이 먹을 것을 냉장고에 채워 넣는 일은 이모들이 가장 신경 쓰는 자신들의 역할 중 하나였다. 냉동실을 열면 툭 하고 꽁꽁 언 음식이 떨어질 만큼, 이모들의 냉장고는 가득 채워져 있

2부 | 나를 키운 여성들

었다. 그러고도 먹을 게 없다고 한다.

　이모마다 식탁을 채우는 음식의 스타일이 달랐다. 큰 이모는 식당을 할 만큼 음식 솜씨가 좋았다. 여러 나물 반찬과 맛있는 국, 푸짐한 한식 밥상이 접이식 상 위에 차려졌다. 큰 이모는 당신이 먹는 건 언제나 뒷전이었다. 먹는 사람들이 맛있다, 맛있다 하며 "언니도 좀 먹어", "이모는 왜 안 먹어?" 하면 그제야 한 숟갈을 입에 넣었다. 언제나 입맛이 없는 표정으로, 어디 내놔도 손색없는 음식을 만들고 상을 차렸다. 큰 이모의 손은 자주 젖어 있었고, 자주 부어 있었다. 놀지 못하는 손. 큰 이모는 그랬다.

　둘째 이모네에는 평소에 쉽게 먹을 수 없는 음식이 많았다. 소고기 구이, 스팸, 미국형 대형마트에서 사온 크고 달고 기름진 빵과 과자. 둘째 이모 집에만 가면 유난히 많이 먹게 됐다. 자주 오는 기회가 아니라는 조바심에 먹고 또 먹어도 어딘가 허기진 느낌이 남아 있었다. 둘째 이모의 음식을 좋아하는 나와 달리 사촌 언니와 동생은 이모의 음식에 우호적이지 않았다. 그래서일까. 이모는 내가 가면 밥에 반찬을 얹어주느라 바빴다. "오월이 이것도 잘 먹지." "오월이는 이거 먹지?" "오월이는 나랑 입맛이 비슷하다니까." 식탁 앞에서 시큰둥한 사촌들과 나에게 기대를 품은 이모, 그 옆에 어색하게 앉아 있는 엄마 사이에서 수저를 쥔 내 손은 바삐 움직였다.

셋째 이모는 손이 크다. 셋이 먹으면 네 개를 시켜야 직성이 풀리는 듯했다. 셋째 이모네 식탁 위엔 항상 다양한 간식거리가 놓여 있었다. 이모는 상대가 먹는 모습을 볼 때까지 음식을 권하고 또 지켜봤다. 나와 사촌 동생들은 셋째 이모와의 식사를 조금 두려워했다. 밥공기를 다 비울 때까지, 준비된 음식이 동날 때까지 먹어야 했기 때문이다. 이모는 매일 쇼핑 카트 가득 장을 봤다. 주방 옆 창고에는 쓰지 않은 식기와 조리도구가 가득했다. "혹시 안 쓰는 냄비 있어?"라고 물으면 어느새 대여섯 가지의 냄비가 바닥에 놓여 있다. 하나만 필요하다고 하나만 챙겨주는 건 이모에게 있을 수 없는 일이었다.

바쁜 워킹맘인 막내 이모의 집에서 먹은 음식 중 가장 기억에 남는 건 사골국이다. 이모는 3남매와 남편, 시어머니가 먹을 국이나 카레 같은 음식을 커다란 냄비 가득 만들었다. 큰 반찬 통에 나물이 가득 담겼고 반찬 통이 통째로 식탁에 올랐다. 사골국에 밥을 말고 김치를 턱턱 올려 먹었던 여름날이 생생하다. 땀을 뻘뻘 흘리며, 사촌들과 깔깔거리며 밥을 먹었던 시간. 우린 그 뒤로도 며칠 동안 매끼 사골국을 마셨다. 왁자지껄한 막내 이모네 식탁 위엔 이모가 일하는 마트에서 파는 다양한 반조리 음식들이 자주 올랐다. 할인 시즌에 따라 이모네 냉장고를 꽉 채우는 음식들도 바뀌었다. 소불고기였다가 포도였다가 귤 박스였다가 하는 식으로. 이모의 냉장고는 채우면 금방 비워졌다. 먹성 좋은 3남매의 허기에 비하면 이모의 양손 가득한 장바구니는 언제나 부족해 보였다.

1년에 몇 번, 외가 식구 모두가 모여 외식을 했다. 보통은 외할머니나 외할아버지의 생신 축하 자리였다. 그런 날엔 먹다가 지칠 만큼 먹고도 장소를 옮겨 주전부리를 하고 해 질 녘이 되면 배가 고프지 않아도 저녁을 먹으러 식당으로 이동했다. 엄마는 그걸 두고 "때려 먹는다"라고 표현했는데, 가끔 나는 쉴 새 없이 먹는 가족 식사가 버겁게 느껴졌다. 음식에 취한 듯 먹고 또 먹다 보면 하루가 지나 있었고 불쾌할 정도로 부른 배는 후회를 불러왔다. 그럼에도 불구하고 나는 가족 모임을 기다렸다. 엄마와 둘이 만든 적막을 벗어나 왁자지껄한 자리에 앉아 있으면 세상에 나와 엄마만 남겨진 게 아니라고 확인받는 기분이 들었다. 이모들 속에 있으면 엄마도 활짝 웃었다. 그 모습을 보면 난 안심했다.

어느 날 갑자기 내가 음식을 거절하기 시작했을 때 이모들이 보인 다양한 반응 중 기억에 남는 건 '서운함'이었다. 마치 이모들의 사랑과 애정, 성의와 호의를 거절한 것처럼,

몇몇 이모는 상처받은 표정을 지었다. 생각해보면 이모들은 항상 그랬다. "그만 먹겠다"라는 말에 유난히 섭섭해하고, 적게 먹는 건 '가족 자격 박탈'인 것처럼 반응했다. 먹는 일은 우리가 가족이며 동족임을 확인하는 의식 같았다.

엄마나 이모들은 먹는 것으로 감정을 드러내기도 했다. 엄마는 화가 나는 일이 있을 때면 갑자기 집을 뒤집어엎어 청소를 하고 땀을 뻘뻘 흘린 뒤 냉장고를 열어 음식을 허겁지겁 먹은 후 잠을 잤다. 이모들은 종종 속상하거나 섭섭하거나 화가 나는 마음을 식음을 전폐하고 입을 꾹 닫는 걸로 표현했다. 조카나 자식에게 밥을 차려주고 나서 "나는 입맛이 통 없어서"라며 등을 보이면 식탁에 앉은 우리(조카들, 자식들)는 자연스레 긴장하고 숨을 죽였다. 평소와 다르게 조용히, 그릇을 싹 긁어 먹고 싱크대에 다 먹은 식기를 갖다 놓은 후 조심조심 반찬 통을 닫았다. 기분이 상한 이유를 알지 못해 우리가 뭘 잘못한 게 아닐까 막연한 죄책감을 느꼈다. 엄마가, 이모가 다시 입맛을 찾기를 바라며, 그녀들의 "배고프다"라는 말을 기다렸다. 엄마가, 이모가 마침내 냉장고를 열면 용서받은 기분이 들었다.

거식증에서 폭식증으로 넘어갔을 때, 위를 음식으로 꽉꽉 채우고도 허기를 느꼈을 때, 난 처음으로 꽉 찬 이모들의 냉장고를 생각했다. 이모들이 채우려고 했던 건 뭐였을까.

어린 시절 단 한 번도 마음대로 양껏 먹어보지 못했을 이모들이 돈을 벌었을 때 제일 먼저 하고 싶은 일은 뭐였을까. 초라한 냉장고를 꽉 채우는 것 아니었을까? 입맛이나 취향 따위 생각하지 못하고, 주어진 음식도 눈치 보며 먹어야 했던 어린아이가 꿈꾸던 식탁과 냉장고는 어떤 모습이었을까. 이모들이 조카들에게 차려준 밥상이 딱 그런 모습은 아니었을까?

처음으로 봉지를 한가득 채워 마트를 나왔던 날이 있다. 그 전까지는 폭식을 하면서도 남의 눈치를 보며 마트 한 곳에서 과자 한 봉지, 빵 한 개 정도만 사서 나오곤 했다. 그러다 처음으로 카트를 끌고 이것저것 음식을 집어넣어본 것이다. 무거운 봉지를 품에 안고 마트를 나오는데 눈물이 날 것 같았다. 이게 전부 내 꺼라니. 이걸 전부 내가 먹어도 된다니. 설레면서도 무서웠다. 금기를 깬 것 같은 두려움에 마음이 초조했다. 음식으로 사치를 부린 나를 외면하고 싶었다. 그러나 품에 안은 봉지를 놓고 싶지 않았다. 빠른 걸음으로 집에 들어가 냉장고를 채우고 내 속을 가득 메우고 싶었다. 그때 내가 상상한 냉장고의 모습은 이모들의 냉장고를 닮아 있었다.

어린 시절, 밥상 위의 음식에서부터 남자 형제와 다른 대우를 받았다던, 높은 탁자 옆에 놓인 낮은 밥상에 옹기종기 둘러앉아 허겁지겁 밥을 먹었다던 이모들의 이야기를 기억한다. 여자라는 이유로, 여자라서, 여자이기 때문에 참고 포기하고 숨고 양보해야 했던 수많은 여성들의 한은 작은 밥상에서부터 시작된다.

이미 충분한 능력과 재능을 겸비하고도 자신을 과소평가하는 데 익숙한 중년 여성의 얼굴을 그려본다. 나의 엄마를 닮기도 하고, 나의 이모들을 닮기도 하고, 외할머니를 닮은 듯 나를 닮기도 한 그녀. 그녀를 위한 식탁을 차려보고 싶다. 고슬고슬하고 윤기 나는 흰쌀밥에 따뜻한 된장국, 소불고기와 기름진 고등어, 맛깔나는 김치, 제철 나물로 차린 따뜻하고 느긋한 밥상을 상상한다. 압력밥솥에 눌어붙은 누룽지에 물을 부어 끓인 후, 밥공기에 담아 내밀며 그녀 앞에 마주 앉아 한술 떠보라 권하고 싶다.

언니, 천천히 씹어. 언니랑 먹으니까 참 맛있다. 우리 내일도 이렇게 같이 먹자.

용서

엄마와 내가 출연한 다큐멘터리 영화 〈두 사람을 위한 식탁〉 지브이에서 한 관객이 엄마에게 질문을 해왔다.

"딸에게 무엇을 용서받고 싶으세요?"

엄마는 한동안 말을 하지 못하고 떨리는 숨을 쉬고 뱉었다. 영화관은 쥐 죽은 듯 조용했고 사람들은 엄마의 답변을 묵묵히 기다렸다. 엄마는 뜨거운 울음 같은 것을 두어 번 꿀꺽 삼킨 후에야 천천히 입을 뗐다. 목소리는 파르르 떨리고 있었다.

"딸 앞에서 이걸 말하는 게 맞는지 모르겠지만……"

엄마는 어린 시절 자신이 노출되어야 했던 한국 남성들의 폭력과 추행, 거기에서 비롯된 남성에 대한 깊은 두려움을 얘기했다. 성인이 되어서도, 중년의 나이가 되어서도 여전히 자신이 당하는 모욕과 불의에 저항하지 못하고 두려움에 떨고 있음을 고백했다. 지금도 남성이 내는 큰 목소리에 가슴이 떨리고 어깨가 움츠러든다는 것, 그 앞에서 아무 말도 하지 못할 때가 많다는 것을 말이다.

"저는…… 어릴 때부터 전형적인 가부장제와 숱한 성폭력 속에서 살아왔어요. 제가 한국의 가부장제와 남성들의 폭력, 여성이 처한 불의에 맞서지 못하고 대신 딸에게 무조건 조심하라고만 했기 때문에 딸이 아프게 되었다고 생각합니다. 공중화장실 조심해라, 밤길 조심해라, 찻길 조심해라. 조심해라. 조심해라. 제가 조금 더 당당하게 맞서고 싸우는 모습을 보여줬다면, 딸에게 조심하라는 말 대신 맞서라고 말했다면 딸이 아프지 않지 않았을까 생각합니다. 저는 이 부분을 깊이 사과하고 딸에게 용서받아야 한다고 생각합니다."

관객들 앞이었지만 나는 흐르는 눈물을 멈출 수 없었다. 마음에 큰 동요가 일었다기보다는 눈물이 먼저 반응했다. 의지로 멈춰지지 않는 눈물. 난 지난 10여 년의 시간 중 처음으로 엄마의 상처와 나의 상처가 서로 맞닿은 느낌이 들었다.

엄마의 어린 시절을 전혀 몰랐던 건 아니다. 폭력적이었던 아버지, 삼촌들의 추행, 욕설, 위협 속에서 살아야 했던 어린 엄마는 도망칠 곳도, 하소연할 곳도, 도움을 청할 어른도 없이 그 시간을 견뎌야 했다. 타인이 처한 불의에는 발 벗고 나서서 도움을 주고 당사자 대신 문제를 해결하기도 했던 엄마는 유난히 자신의 문제에는 약했다. 명백히 엄마가 억울한 상황에서도 화 한번 제대로 내지 못했다. 십수 명의 여공을 데리고 공장 파업에 앞장설 만큼 용맹하고 추진력 있는 엄마의 능력은 단 한 번도 엄마 자신을 위해 쓰이지 못했다.

나는 언제나 의아했다. 엄마가 유난히 밤길을 무서워하는 이유를, 나에게 접근하는 모든 남자를 경계하는 이유를, 여름에도 내가 추울까 봐 걱정하는 이유를 난 도무지 알 수 없었다. 특히 노을과 함께 엄마의 등에 드리우는 묵직한 그늘의 시작점을 알 수 없었다. 엄마는 매일 저녁 쓸쓸해 보였고 불안해 보였다. 일할 때의 엄마와는 완전 다른 사람이 되어 내게 등을 보인 채 밤을 보냈다. 곁에 앉아 있어도 엄마의 등을 마주한 느낌이 들었다. 엄마는 얼굴보다 등을 통해 나에게 감정을 드러냈다. 슬픔, 우울, 두려움, 외로움, 쓸쓸함, 공포. 난 자다 깼을 때 엄마가 내게 등을 보이고 누워 있으면 덜컥 겁이 났다. 엄마가 죽거나 떠날 것 같았기 때문이었다. 난 집착적으로 엄마의 팔뚝을 잡았다. 말랑하고 차가운 팔뚝을 쓰다듬으며 나의 두려운 마음을 진정시켰다.

　세상에 대한 엄마의 가르침은 강력했다. 난 세상이 두려웠다. 세상은 조심할 것투성이니까. 나는 나를 신뢰할 수 없었다. 나, 박채영은 무조건 조심해야 하는 아이니까. 아무리 좋은 성적과 상장을 받아 와도, 착한 일을 해도 엄마를 안심시킬 수 없었고, 난 좌절했다. 내가 뭘 해야 엄마가 안심할까? 난 엄마의 슬픔, 우울, 두려움, 외로움, 쓸쓸함, 공포를 해소시키지 못한 죄를 스스로에게 덮어씌웠다. '넌 죄인이야. 넌 불필요해. 엄마의 신뢰도 얻지 못하는데 다른 사람이 널 어떻게 믿겠어.' 매일 아침이 두려웠다. 오늘은 또 어떤 엄마의 우울과 만나야 할까. 오늘은 또 어떤 엄마의 불안을 감당해야 할까. 그 과정에서 나의 감정은 감각될 기회조차 받지 못한 채 소외되어갔다. 난 텅 비어갔다.

　섭식장애를 앓은 지 15년, 엄마와 따로 산 지 10년이 넘었지만 여전히 난 엄마의 감정을 짊어지고 있었다. 아니, 어느새 난 엄마를 닮아 비슷한 불안을 안고 세상을 살았다. 매일 막연히 두렵고 슬프고 우울했다. 너무도 막연해서 정체를 알 도리가 없었다. 내 경험에서 비롯되지 않은 불안과 슬픔을 해결할 방법은 폭식과 음주뿐이었다. 그런데 엄마가 내게 그 답을 준 것이다. 너의 슬픔과 불안은 사실 나의 것이라고.

영화 지브이가 끝나고 집으로 돌아오는 길, 엄마의 말을 곱씹었다. 그리고 생각했다. 내게 엄마를 용서할 것이 남아 있나? 내가 엄마를 원망한 것은 내가 원치 않는 좌절과 절망, 우울과 슬픔을 나의 것으로 만들어버렸기 때문이었다. 엄마 자신도 감당하지 못하는 것을 나에게 떠넘긴 것에 대한 분노였다. 그렇지만 시간이 많이 흐른 지금, 이미 나의 일부가 되어버린 불안과 좌절, 슬픔과 우울은 엄마에게 되돌려줄 수 없는 것이 되었다. 그건 나의 몫이다. 내겐 엄마를 용서해야 할 것이 없다. 남은 용서는 엄마가 자신을 용서하는 것뿐.

남은 용서를 엄마에게 돌려주련다. 엄마가 엄마를 용서했으면 좋겠다. 당신의 엄마도, 그리고 그 엄마를 미워했던 자기 자신까지도 용서했으면 좋겠다.

쓰지 못한 이야기가 많다. 쓰기 싫었던 이야기도 많았다. 그러나 꼭 써내고 싶었다.

만약 내 삶을 한 줄로 요약해야 한다면 망설임 없이 이렇게 쓸 것이다. '여자들이 키운 아이.' 여성들, 그러니까 이모들과 언니들은 그만큼 내 인생에서 중요했다. 일반적으로 여자를 수식하는 데 익숙한 (혹은 강요된) 표현들은 나를 키운 여성들에게는 해당하지 않았다. '착한', '다정한', '참한', '다소곳한' 따위의 표현들 말이다. 그 여성들을 떠올리면 이런 표현들이 생각난다. '강인한', '멋진', '통 큰', '대범한', '의리와 우정', '강단과 도전'. 난 풍파를 헤치는 거친 여성들의 손에서 키워졌다. 뜨거운 열정과 남자를 위협하는 똑똑함이 그 여자들의 삶을 힘들게 할지라도 그들은 뭉쳐 서로의 욕망을 응원하고 똑똑함에 찬사를 아끼지 않았다. 내가 이모들 삶의 목격자로 컸다는 사실은 나의 큰 자랑이고, 거기에 감사하다.

그런데도 나는 내가 갖고 태어난 '여자'의 몸이 싫었다.

불쾌한 접촉, 특정 신체 부위에 함부로 꽂히는 시선, 모욕적인 말을 감당해야 하는 이유를 내 몸에서 찾을 수밖에 없었기 때문이다. 어린 시절 처음 맞닥뜨린 낯선 남자의 손길이 여전히 내 젖가슴에 남아 있다. 꼭 나를 자신의 책상 청소에 배정했던 담임 교사의 숨소리가 귓가에 흐른다. 내가 브래지어를 입지 않았다고 화를 내는 애인에게 느꼈던 모욕이 명치에 남아 있다. 브래지어로 인해 도드라진 내 가슴부터 허리선, 엉덩이를 훑는 시선은 상상만으로도 소름끼친다.

그렇다고 나의 섭식장애가 '여성의 자기 몸 부정'에서 비롯했다고 여기는 건, 편견으로 가득한 진단일 뿐이다. 나는 나의 몸을 통해 전해지는 불필요한 사회의 요구와 참견, 몸을 거쳐 전달되는 온갖 편견과 무례함에서 벗어나고 싶었던 것이지 내 몸 자체를 버리고 싶었던 적은 없다. 사실 난 내 몸이 좋았다. 내 살갗을 통해 전해지는 자연의 온도와 물기가 좋았다. 내가 사는 곳을 온몸으로 느끼고 이해하고 때론 상처 입으며 난 자주 내 이성의 판단보다 몸의 감각을 신뢰했다.

고로 섭식장애는 다이어트에 미친 여자들의 부작용이 아니다. 섭식장애는 특정한 신체, 표정, 몸가짐, 말투를 강요받고, 그것으로 개인의 가능성까지 평가받아온 여성들이 꺼내지 못한 에너지를 분출하기 위해 선택한 발악에 가깝다.

몸을 억압함으로써 타고난 뛰어남과 능력을 기죽이고 사회에서 쥐 죽은 듯 살게 하려는 가부장제에 맞서 온몸으로 외치는 것이다. 나를 나대로 살게 해달라고.

나대로 사는 일은 쉽지 않다. 서비스업 종사자로서 가진 직업의식(즉, 친절하게 웃고 환대하고 맞이하며 때론 손님의 비위를 맞추는 행위들) 때문에 내가 '착한 여자'로 오해받을 것 같아 괴롭다. 일하는 매장에서 술 취한 남자가 주는 팁을 받으면, 좋아하기 전에 주변 동료의 눈치를 살핀다. 내가 일을 잘해서 팁을 받은 게 아니라 '여자라서' 받았다는 오해가 걱정되기 때문이다. 나는 본능적으로 손님들과 고용주가 남자 직원보다 여자인 나에게 더 큰 미소와 친절을 기대하는 것을 '안다'. 나의 표정과 눈빛이 의도와 다르게 해석되는 경험이 쌓일수록 위축되고, 주변의 흐름을 읽는 감각은 점점 발달한다. 누군가에게 친절을 베풀고도 마음이 편치 않다. 난 의문을 품게 된다. 방금 나의 행동은 타인들의 기대에 부응하기 위한 것인가, 순수한 나의 의지에서 비롯된 것인가?

짧은 머리에 화장하지 않는 나의 외형은 생각보다 자주 사람들의 궁금증을 자극한다. "왜 짧은 머리만 해요?" "왜 화장을 안 해요?" '여자치고', '여자가', '여자인데도' 따위의 말들에 피로감이 쌓인다. '남자 흉내를 내는 여자'라는 모욕은 아무리 곱씹어도 불쾌해 삼켜지지 않는다. 난 나의 성별과 외모로 평가받고 싶지 않다. 나는 인간이다. 나는 능력이 있다. 난 나의 인간적 매력와 가능성, 능력으로 이 세상을 살아내고 존중받고 싶다.

어린 시절부터 내가 봐온 여성들은 대부분 '보통'의 범주에서 벗어난 사람들이었다. 짧은 머리, 흡연, 화장기 없는 얼굴, 어느 단체의 대표, 낮은 톤의 목소리. 그뿐인가. 이혼, 재혼, 비혼. 한국사회의 시선이 요구하는 것을 따르기보다 자신의 최선을 살아가는 사람들이었다. 그들이 보여준 여성상은 넓고 다양했다. 난 그만큼 풍부한 나의 미래를 상상할 수 있었다. 그땐 몰랐다. 그 여성들이 그렇게 살기 위해서 척박한 땅에 쟁기질하듯 온 힘을 다해야 했다는 것을.

내 눈에는 그렇게 멋있는 여성들이 자기 감각을 신뢰하지 못하고, 가진 것보다 갖지 못한 것에 대한 회한을 서럽게 쏟아낼 때 나는 온몸에 힘이 빠질 정도로 속상하고 화가 난다. 자기 감각에 대한 불신. 이것도 내가 물려받은 유산 중 하나다. 이 유산은 섭식장애와 아주 깊이 관련된다. 나를 불신하고, 나의 감정과 감각을 의심하고 타인의 시선과 감정에 더 귀 기울이다 보면 저절로 나는 나를 소외시키고 불쾌하게 여기게 된다. 현실에 있는 나를 인정하는 대신 '되어야 하는' 미래의 목표를 좇으며 매일 불안과 조급한 마음속에 살게 된다. 긴장에 압도되고 불안에 압도된 상태를 견디기 위해 먹거나 먹지 않거나 구토한다. 그렇다고 그녀들을 원망하지는 않는다. 내 삶을 완성하는 것은 결국 '나'이기 때문이다.

　이제 난 나를 키운 여성들의 땅을 벗어나, 나의 땅을 찾아 새로운 쟁기질을 시작할 때라는 것을 직감한다. 존경하는 그녀들을 뛰어넘는, 딸이 아닌 동료가 되기 위해 고생할 준비는 마쳤다. 아플 것이다. 괴로울 것이다. 좌절할 것이다. 꺾일 것이다. 그러나 다시 일어설 것이다. 이모들이, 언니들이 그랬듯이. 난 더욱 나를 신뢰하며, 내 목소리에 힘을 주며 이 세상을 살아가고 싶다. 내 편이 없다고 느껴질 때마다 나의 유년기를 꽉 채워주었던 그녀들을 떠올리며 허기진 마음을 채울 수 있을 것 같다. 여성으로 태어나 참 다행이다.

3

이런 삶이라도

RE-born

2020. 04. 21.

38kg. 그때의 몸은 기억에 없지만 당시 내 몸을 바라보던 사람들의 시선은 기억한다. 애써 경악을 숨기고 안쓰러움으로 잘 칠해진, 날 정면으로 바라보지 못하는 눈길들을 나는 차갑게 마주하곤 했다. 내 몸을 어떻게 훑어보든 그것과 무관하게 내 길을 갈 테다. 나를 보는 시선에서 연민이 느껴질수록 난 눈을 부릅뜨고 견뎠다. 그 시선에 지고 싶지 않았다.

그때만큼 내 몸을 세상에 뻔뻔하게 들이밀었던 적도 없는 것 같다. 내 몸을 부끄러워하는 대신 나를 불편해하는 시선은 내 몫이 아니라고 생각했다. 너무 안쓰러워서 차마 내 몸을 만지지도 못하는 엄마에게 미안함을 느끼지도 않았다. 엄마가 나를 정말 사랑한다면 이런 모습도 기꺼이 품에 안아야 한다고 생각했다. 조건 없는 사랑을 요구하는 나의 태도는 당당하고 물러섬이 없었다.

어린 시절을 떠올리면 거실 마룻바닥 위로 쏟아지던 주황빛 햇살이 떠오른다. 커튼은 바람에 살랑였고 햇살은 커튼을 열고 거실로 들어왔다. 빛 속에 보이는 먼지 조각들이 햇살 조각들인 줄 알았다. '햇살이 부서진다는 것은 저런 거구나.' 햇빛으로 따뜻해진 마룻바닥 위를 뒹굴었다. 커튼을 몸에 돌돌 말아 숨으면 오래된 천 먼지와 햇빛 냄새가 뒤섞여 숨을 쉴 때마다 목구멍을 간질였다. 말았던 커튼을 펴며 몸을 빙빙 돌리면 세상이 같이 돌았다. 어두웠던 커튼을 열고 나오면 어김없이 밝은 빛이 나를 맞았다. "까꿍!" 하는 익숙한 목소리가 날 반겼다.

가죽 소파의 차가운 부분을 내 체온으로 덥히기를 좋아했다. 오래된 옷의 냄새와 건조기에서 방금 나온 빨래의 냄새를 좋아했다. 청소기가 내뿜는 퀴퀴한 냄새도 좋았다. 가습기에 얼굴을 대고서 김을 맞는 것도, 엄마의 목덜미에 코를 박는 것만큼 좋아했다. 엄마가 늦는 날이면 양팔과 양다리 사이에 엄마가 썼던 베개를 끼우고 얼굴을 묻은 채 깊게

숨을 쉬었다. 끈적하게 묵은 땀 냄새와 함께 엄마의 살냄새
가 콧속으로 빨려 들어왔다.

　　그때의 세상은 내가 아무리 달려도 달릴 곳이 남아 있
을 만큼 컸다. 힘차게 발바닥으로 보도블록을 차고 앞으로
나아가면 바람이 내 머리칼을 뒤로 쓸어줬다. 그렇게 한달
음에 놀이터로 달려가 흙에 발을 담궈도, 그렇게 흙을 튀기
고 옷을 더럽혀도 뭐라고 하는 사람이 없었다. 종종 길을 가
다 오줌이 마려우면 이모 팔에 안겨 땅에 오줌을 쌌다. 땅에
남은 오줌 자국은 가끔 꽃도 되고 시냇물도 되었다. 그땐 부
끄러운 게 없었다. 길에서 오줌을 싸야 할 때 조금 창피하긴
했지만 뛰고 싶은 내 발목을 붙잡을 만큼은 아니었다.

　　어릴 때는 잠에서 깨고도 누군가가 나를 깨우러 올 때
까지 기다리곤 했다. 자는 척하며 압력밥솥의 추가 돌아가
는 소리를 듣고 도마 위를 돌아다니는 칼 소리를 즐겼다. 방
으로 다가오는 발소리를 집중해 들으면 누구의 발소리인
줄 알았다. 엄마의 발소리는 조금 묵직했고 이모의 발소리
는 언제나 목소리보다 작았다. 방문이 열릴 때까지 몸을 사
방팔방 비비 꼬며 이불 위를 굴렀다. 이모는 그런 나를 보고
"어디서 오징어 굽는 냄새가 나네~"라고 했다. 엄마는 언제
나 내 엉덩이를 두드리며 아침을 알렸다. 이불 위를 꾸물대
고 돌아다니며 느낀 천의 촉감, 다가오는 발소리, 엉덩이를

쓸어내는 두툼하고 까칠한 손. 그 감각들은 내가 커갈수록 내게서 멀어져갔다.

어른에 가까워진다는 건 내 몸을 타인의 방식으로 느끼게 된다는 것을 뜻했다. 놀이터를 활보하는 데 쓰였던 나의 달리기에는 어느 날부터 점수가 붙었다. 내 마음대로 지어 불렀던 노래는 유치원에 가니 '이상한 것'이 되었다. 들리는 음악에 맞춰 선생님을 '따라' 춤을 춰야 했고 주어진 노래를 '따라' 불러야 칭찬받았다. 더 이상 내 마음대로 공간을 누빌 수 없었다. '여자아이답게' 조심스럽고 차분하게 행동해야 했고 '어린아이답지 않게' 행동하면 칭찬받았다. 시간이 갈수록 나는 어른들의 시선을 의식하며 행동했다. 평가를 기다리고, 좋은 평가에 기뻐했다.

나는 초등학교 1학년 때부터 여자가 살찌지 않으려면 저녁 8시 이후에는 음식을 먹지 말아야 한다는 말을 충실히 따랐다. 긴 머리를 감을 땐 머리를 뒤로 젖혀서 샤워기에서 떨어지는 물로 감아야 한다는 것도 알고 있었다. 뱃살의 양을 측정해 체중계 없이도 비만인지 아닌지를 확인하는 방법도 알고 있었다. 텔레비전에 나오는 수많은 여성 연예인의 다이어트 비법과 함께 내가 기억했던 것은 날씬한 사람과 비교되는 뚱뚱한 사람의 모습이었다. 그들은 사람들의 말과 시선으로 곧잘 우스운 꼴이 되곤 했다. 각종 텔레비전 프로그램에서는 살찐 사람의 우울함을 조명하며 날씬한 몸의 중요성을 강조했다.

세상엔 몸을 평가하는 기준과 그에 맞는 몸을 만드는 방법에 대한 정보가 넘쳤지만 그런 평가와 무관하게 행복하고 사랑받는 여성의 이야기는 아무도 들려주지 않았다. 좋은 삶을 살기 위해선 옳은 몸을 준비해야 하는 것 같았다. 몸에 대한 평가를 들을수록 내 몸은 타인의 시선이 있을 때만 가치 있는 것이 되었다. 친구와 다리 길이를 비교당했던 순간부터 내 다리가 짧은 것처럼 느껴졌다. "살 빠지더니 더 예뻐졌다"라는 말은 빠진 몸무게를 유지해야 한다는 숙제를 남겼다. 몸에 대한 사람들의 평가는 인성에 대한 평가로 이어지곤 했다. "어린애가 절제력이 있구나." "참을성이 많네." 세상은 몸매가 자기 관리의 척도라고 했다. 자기 관리를 잘하는 사람에게 쏟아지는 인정과 사랑을 선망했다. 그게 바로 내가 원하는 것들이었다.

뱃살과 다이어트에 대한 정보만 가진 채로 여자가 되어가야 했던 내게, 여자의 몸이 되어가는 과정은 통증과 굴욕의 시간이었다. 초등학교 5학년이 되면서 가슴이 나오기 시작했다. "채영아, 어머니가 브라자 안 사주시니? 티셔츠에 가슴이 너무 티가 나는구나." 당시 남자였던 담임 교사의 충고는 잊히지 않는 수치심이 되었다. 노출하면 안 되는 것을 노출했다는 것보다 내 몸이 엄마를 비난받게 만들었다는 것이 더 부끄러웠다. 처음으로 내 몸이 미안함의 이유가 됐다.

팬티에 묻은 피를 보고 엄마를 불렀을 때 착잡한 눈으로 나를 바라보던 엄마에게 서운함보다 미안함을 느꼈던 이유는 내 몸이 앞으로 엄마를 더 곤혹스럽게 만들 거라는 예감 때문이었던 것 같다. 사람들의 이유 모를 축하는 내가 생리통을 견디는 데 아무런 도움을 주지 못했다. "생리를 시작했으니 여자가 됐다"라는 말을 이해할 수 없었다. 생리하는 여자의 삶을 설명해주는 어른도 없었다. 그렇게 나는 여자가 되어갔고 내 몸에 대한 불편도 늘어갔다.

자란다는 건 몸을 즐겁게 했던 감각들을 잃어버리는 일이었다. 차 뒷좌석에 앉아 창가를 보며 스쳐가는 나무와 구름 속에서 노래를 떠올렸던 아이는 크면서 이어폰을 꽂은 채 묵묵히 창밖을 보게 되었다. 소리 내어 부르던 노래는 어느새 마음속에 꽁꽁 묻어둔 비밀이 되었고 노래와 함께 흥겨웠던 몸은 조금씩 음악을 잊었다. 학교에 가면서부터 내가 달릴 수 있는 곳은 운동장뿐이었다. 박자에 몸을 맞추는 법을 잊은 나는 줄넘기를 넘지 못해 쩔쩔맸다. 차가운 이불의 촉감 속에서 꾸물대는 나를 깨우는 건 알람소리와 일어나야 한다는 압박이 되었다.

세상을 마음껏 느끼고 누렸던 내 몸은 언제부턴가 나를 불편하게 하는 방해물이 되었다. 몸이 자라날수록 엄마의 걱정이 깊어졌다. 공중화장실 가지 마라, 속 보이지 않게 옷 매무새를 잘해라, 이상한 아저씨 조심해라, 밤길은 위험하다…… 내 몸의 특정 부위를 향했거나 향할지 모르는 손들, 몸매가 드러나는 옷을 입었을 때 느껴지는 불안, 사고를 만들지 않기 위해 조심해야 하는 몸. 내 몸은 위험 덩어리였다. 혹여나 누군가의 '성욕'을 건드릴까 봐 난 조심해야 했다. 점점 몸을 움츠리게 되었다. 곳곳에 위험이 도사리고 있는 이 세상을 살아가기 위해 나는 내 몸을 빈틈없이 지키고 통제해야 했다.

날 선 경계심과 촘촘한 관리가 만들어낸 건 38킬로그램이라는 몸이었다. 마른 몸은 나를 각종 시선에서 벗어날 수 있게 도와줬다. 사람들은 나의 마른 몸을 피했다. 난 타인의 피부를 굳이 스치지 않고도 틈을 빠져나갈 수 있게 되었다. 앙상한 몸은 성적 대상이 되지 못했다. 지하철에서 내 뒤에 남자가 서 있어도 불쾌한 시선이 느껴지지 않았다. 나의 외모를 평가하는 사람도 그만큼 줄어들었다. 살이 빠지는 동안 오랜만에 난 달려도 보고 몸을 늘려도 보았다. 숨차는 데서 오는 희열이 반가웠다. 부드럽게 늘어나는 몸이 개운했다. 몸을 한계로 몰아가다 보면 우울했던 기분에 생기가 돌았다. 생리가 없는 몸, 작아진 몸에서 난 오랜만에 편안함을 느꼈다.

　사람들이 달라진 나의 몸을 전과 다르게 대하는 만큼 나 또한 새롭게 세상을 만나게 됐다. 위험한 접근과 시선이 사라진 세상을 거침없이 활보했다. 멀리 걷고 많은 것을 보러 다녔다. 혼자 타기 겁났던 지하철에 선뜻 올라, 가보지 않았던 정거장에 무작정 내렸다. 모르는 길을 지도도 없이 걸으며 주변을 살폈다. 담벼락 틈에 난 싹과 골목에 덩그러니 놓인 낡은 의자를 즐겨 찾고, 오래된 서점과 카페, 도심에 숨겨진 공원을 거닐었다. 엄마의 걱정이 가지 못하게 했던 어두운 골목을 들어갔다. 사람들의 시선이 불편해 입지 않았던 치마를 입었다. 짧은 옷을 입어도 위험한 일이 벌어지지 않는다는 걸 알게 됐다. 밤공기와 낮 공기의 차이를 느낄 수 있었다.

　편의점에 들어가 "엄마, 나 이거 사도 돼?"라고 묻지 않고 물건을 고른 건 처음이었다. 길을 걷다 고른 식당에 들어가 자리에 앉고 순두부찌개를 시켰던 날, 찌개가 나올 때까지 긴장한 손이 떨렸던 걸 기억한다. 작은 책방에서 사장님 눈치가 보여 괜히 샀던 엽서의 질감, 풀밭에 덩그러니 피어난 꽃을 봤을 때 느낀 기쁨, 지하철이 터널을 빠져나왔을 때 만난 풍경이 준 전율 따위가 내 몸에 하나둘 기록되었다. 길을 걸으며 혼자 노래를 흥얼거리는 시간이 조금씩 생겼다. 다음 외출에서 가볼 곳을 고르고 좋았던 장소를 기억하며 전에는 가져보지 않았던 '나만의 것'을 하나둘 쌓아 올렸다. 가족들의 눈에 나는 죽어가는 중이었지만 사실 난 살아나고 있었다. 아기가 몸으로 느끼며 세상을 배우듯 더듬더듬 난 이 세상을 다시 배우는 중이었다.

길 위에서

2012. 12. 28.

나의 시간들을 싫어하지 않기로 했다. 그 어떤 부끄러운 경험일지라도 내 것으로 받아들이기로 했다. 그것이 무엇이든, 그때의 선택엔 이유가 있었을 것이다. 지금의 내가 과거의 나에게 할 수 있는 최고의 질문은 '왜'이다. 왜 그랬는지 묻고 듣고 지금의 내가 알아주고 반성하는 것이다.

좋은 질문을 하는 사람이 되고 싶어졌다. 100번의 공격적인 말보다 한 번의 탁월한 질문이 이긴다는 것을 알았다. 질문은 상대와 나를 성장시키며 상황을 풀어가는 방법이지 않을까.

질문하기 위해 나는 공부해야 한다.

"왜?"

어릴 적, 나는 궁금한 게 많았다. 구름은 왜 생기는지, 차가 움직이는데 달은 왜 따라오는지, 저 아저씨는 어디에 가고 있는 건지, 저 아줌마의 표정은 왜 곧 울 것 같은지 등등. 나는 집요하게 질문했다. 아무리 질문을 해도 궁금증은 사라지지 않았다. 내가 "왜?" 하고 물을 때마다 엄마는 애를 써서 답했다. 그러면 난 또 물었다. "왜?"

책을 참 좋아했다. 책 속에는 재밌는 질문도 있었고 명쾌한 해답도 있었다. 어떤 문장을 읽으며 '왜?' 하고 질문하면 뒷장에 이유가 나와 있었다. 내 질문을 들은 어른들과 달리 책은 나를 어려워하지 않았다. 난 책이 보여주는 무궁무진한 세상을 좋아했다. 엄마는 책 읽는 나를 대견해했다. 아끼지 않고 책을 사줬다. 그건 엄마가 내게 해준 가장 적극적인 사교육이었다. 나는 틈이 날 때마다 책을 꺼내 들었다. 내가 가질 수 있는 가장 큰 장난감이었다.

배움은 자연스러웠다. 좋아하는 것을 반복하다 보면 어느새 몸에 익었다. 더 많은 것을 알아야 한다고 강요하는 사람도 없었고 억지스러운 학습도 없었다. 처음 보는 것 앞에서 망설이거나 빨리 알아야 한다는 조급한 마음도 없었다. 오직 내가 궁금한 만큼 알아냈고 거기서 충만해진 가슴을 느꼈다. 학교에 들어가기 전까지, 난 스스로를 부족하다고 느낀 적이 없다.

학교는 두려운 공간이었다. 학교라는 세상은 예측할 수 없는 사건투성이었고 이해하기 어려운 일이 계속 벌어졌다. 단체로 머리 위로 손을 드는 체벌, 한 아이를 다수의 아이들이 괴롭히는 모습, 등수를 매기고 일부만 칭찬받을 수 있는 환경. 전에는 본 적 없는 장면들이 갑작스럽고 공격적으로 눈앞에 펼쳐졌다. 나는 말수가 점점 줄어들었다. 집단에서 소외될 것이 두려워 모든 행동에 신중했다. 나의 표정과 말, 눈빛이 오해받는 날이면 하루 종일 거기에 얽매여 있었다. 아무리 좋은 점수를 받아도 부족하게 느껴졌고 불안했다. 공부는 좋았지만 시험이 주는 긴장감과 내가 쓴 답이 틀렸을 때 견뎌야 하는 창피함이 싫었다. 점수가 낮은 친구들이 혼나는 것을 보며 몰래 생각했다. 내가 아니라서 다행이라고. 그렇게 생각하고 있는 나 자신이 괴물처럼 느껴졌다.

교실은 정글이었다. 온갖 힘 싸움과 서열이 엎치락뒤치락했다. 힘겨루기는 학생 사이에서만 일어나지 않았다. 교사 또한 학생들을 상대로 끊임없는 힘겨루기를 하며 자신의 권위를 세우려 했다. 말썽이 잦은 학생일수록 교사의 힘을 보여주는 수단이 되었다. 가끔은 말로, 대부분은 체벌로 교사들은 학생의 기를 죽이려고 했다. 그것을 그들은 '교육'

이라 불렀다. 나는 학생부실에 끌려가 맞고서 눈물범벅이 된 친구의 얼굴을 보며 혼란스러웠다. 내 친구를 때린 교사가 내 이름을 따뜻하게 부르는 그 교사와 동일인이라니. 아무리 교사를 이해해보려 해도 체벌의 형태를 용납할 수는 없었다. 수업에서는 협동과 화합을 가르치면서 교육의 방법으로 폭력을 행하는 교사의 모순에 난 자주 분노했다.

나의 분노는 친구들에게 그다지 공감받지 못했다. 이미 학생들에게 '교사'는 '폭력'과 동의어였고, 다수의 학생에게 체벌은 가장 간단하게 문제를 넘어가는 방법이었다. 자주 맞는 학생일수록 문제가 발생했을 때 이렇게 말했다. "야, 그냥 몸으로 때워." 그들은 말로 타이르는 교사보다 때리는 교사를 더 쉬워했다. 단순하고 뒤끝이 없기 때문이라고 했다. 그들은 많은 것을 몸으로 '때웠다'. 마음에 들지 않는 동급생에게 말보다 손이나 발이 먼저 나가는 건 다반사였다. 선배와의 갈등도 몸으로 때웠다.

교실에서 벌어지는 괴롭힘의 원인은 대부분 교사에게서 기인했다. 때 묻은 옷을 입은 학생을 툭 치며 "좀 씻어라"라고 던진 교사의 말에 교실 전체의 학생들이 웃었다. 학생주임에게 선발된 선도부는 전부 서열 1위의 학생들이었다. 이따금 '학주'는 선도부에게 '애들 관리'를 주문했다. 그러면 선도부가 나서서 문제를 일으킨 후배들을 불러 모아 말과 몸으로 혼을 냈다. 관리당한 학생들은 교실에 돌아와 약한 동급생을 괴롭혔다. 괴롭힘당한 학생은 자기보다 더 약한 아이를 괴롭혔다. 나는 그것을 지켜보고 있는 다수의 학생 중 한 명이었다. 침묵하는 목격자로 있는 그 순간만큼은 나도 가해자였다.

피해자가 되지 않으려면 가해자가 되어야 하는 학교생활에 나는 조금씩 지쳐갔다. 시험 점수가 학생의 인성이 되고, 점수 낮은 학생과 높은 학생 사이에 서열이 생기는 걸 느끼며 지적 호기심을 잃어갔다. 평소처럼 등교해 교실에 앉아 있던 어느 날, '내가 지금 뭐 하고 있는 거지?' 싶었다. 나를 충만하게 했던 배움은 이미 학교에서 사라진 지 오래였다. 변화할 가능성이 보이지 않는 교실 풍경에 숨이 막혀왔다. 나는 학교를 떠나기로 했다.

나를 움직이던 규칙들이 사라지면서 나는 스스로를 관리하기 위해 강박적으로 바뀌어갔다. 일상에 많은 규칙을 만들어냈고 거식증은 점점 심해졌다. 그런데 거식증이라는 병원의 진단은 동굴에 숨어 있던 나를 밖으로 꺼내는 계기가 되었다. 나와 비슷한 증상을 가진 사람이 많다는 걸 알게 되니 거식증이라는 세계가 궁금해졌다. 처음에는 거식증에 걸리는 사람의 공통점이, 그다음에는 거식증을 발생시키는 사회에 관심이 생겼다. 조금씩 나의 관심사는 '나'를 벗어나 세상으로 넓어졌다.

　의사들이 충분히 설명해내지 못하는 나의 마음을 해석하기 위해 정보를 찾았다. 처음에는 섭식장애를 다룬 책들을 읽었다. 그러나 섭식장애를 질병으로 다룬 책들 안에 당사자들의 삶은 없었다. 나는 섭식장애라는 질병이 아니라 섭식장애와 함께 살아가는 삶이 궁금했다. 매일, 아니 매끼 주변의 이목을 집중시키는 사람들, '비정상'이라 불리는 사람들, 가족에게 불편한 존재가 된 사람들, 의견을 묵살당하는 사람들의 이야기가 궁금했다. 그때 엄마가 보여준 영화들이 도움이 됐다. 비이성애 커플, 노동자들의 투쟁, 흑인을 향한 세상의 시선, 여성들이 살아낸 세상을 담은 이야기들. 10대 중반이 되어 엄마가 밤마다 봤던 영화들을 다시 보니 어릴 때와 달리 가슴이 뛰었다.

　사회로부터 이해받지 못하고, 비정상으로 다뤄지며, 없는 존재로 취급당한다는 점에서 섭식장애는 소수자성을 가졌다. 내가 접한 소수자들의 이야기와 나 사이에 차이가 있다면, 나는 전문가들의 말을 따르며 '정상'의 범주에 들어가려 애쓰고 있지만 그들은 자신의 감각을 신뢰하며 자신의 존재를 부정하고 배제하려는 세상에 맞서 싸우고 있다는 점이었다. 그들의 이야기가 용기를 주었다. 나는 이전에 품지 않았던 질문을 던지기 시작했다. '어쩌면 내가 옳을지도 몰라.' '어쩌면 전문가가 틀렸을지도 몰라.' '어쩌면 내 안에 다른 것이 있을지도 몰라.' 새로운 상상도 허락되었다. '다른 삶이 가능할 수도 있어.' 익숙한 울타리를 벗어나 내가 알고 싶은 세상으로 나가기 위한 발돋움이 그렇게 시작되었다.

학교를 다니지 않는 청소년. 달라진 신분으로 만난 세상은 낯설었다. 탈학교를 하니 청소년이라는 신분을 증명하는 게 어려웠다. 주민센터에서는 청소년증의 존재 자체를 몰랐고, 청소년증을 발급받은 후에도 버스표를 끊고 탈 때마다, 청소년 할인을 받을 때마다 청소년증이 무엇인지 설명해야 했다. 많은 어른들은 학생이 (학생은 아니었지만) 학교에 있어야 할 시간에 학교 밖을 돌아다니는 걸 불쾌 혹은 불편해했다. 나는 피해를 끼친 것도 없는데 주변 눈치를 보고 미안한 마음을 느꼈다. 탈학교 청소년을 위한 인문학 공간마저 없었더라면 나는 길을 잃고 방황하다 자퇴를 후회했을지도 모른다.

탈학교 후 집에서 혼자 대부분의 시간을 보냈던 나는 인터넷, 텔레비전과 가까워졌고, 에스엔에스를 시작했다. 에스엔에스는 세상 곳곳에서 벌어지는 일들을 집으로 전해줬다. 하루에도 몇 개씩 열리는 집회 현장과 공권력에 의한 폭력들이 전해졌다. 공중파 뉴스에서는 다루지 않는 수많은

3부 | 이런 삶이라도

투쟁과 그곳을 지키는 사람들의 이야기가 내게 닿았다. 여러 투쟁의 진행 상황을 전해듣고, 투쟁 현장에 직접 가지 않고도 참여할 수 있는 방법을 배운 것도 모두 에스엔에스를 통해서였다. 처음에는 내가 접한 여러 싸움의 내용을 에스엔에스로 옮기는 것이 내 활동의 전부였다. 그러다 현장을 찾아가게 됐다. 사진에서는 느낄 수 없었던 참혹함이 몸으로 전해졌다. 나는 오랜만에 "왜?"라고 묻기 시작했다. 왜 세상엔 자꾸 이런 일이 벌어지는 것일까? 왜 누구는 가난해야 하고 누구는 부자일까? 왜 새로운 주거 공간을 위해 기존에 살던 사람들이 강제로 삶의 터전을 잃어야 하는 걸까? 책과 인터넷, 영화를 통해 질문을 키우고 스스로 답을 구하며 조금씩 시야를 넓혀갔다. 집을 벗어나 넓은 곳으로 가고 싶어졌다.

그렇게 무주를 떠나 상경했다. 친척 집에 머물거나 엄마 지인의 집에 머무는 방법으로 거처를 해결했다. 상경 생활을 하는 데 여러 어른의 도움을 받았지만, 생활하게 된 집에서 쉽게 안정감을 느끼지 못했다. 개인 공간이 없는 경우도 있었고, 낯선 사람들과 같이 산다는 게 쉽지 않았다. 이른 아침 밖으로 나와 되도록 늦은 저녁에 들어가는 생활이 반복됐다. 일정이 없어도 밖으로 나갔다. 길 위에서 폭식도 하고 카페에 들어가 죽치고 있기도 했다. 그러다 가끔 용기를 내어 집회 현장을 찾아갔다. 이미 철거 용역들이 무너뜨린 골목에 가고, 철거를 밀어부쳐 전기가 끊긴 현장을 지키는 활동가들 속에서 저녁을 함께했다. 따뜻한 집에 있을 때보다 가스난로에 손을 비비며 노래를 듣는 그 현장에서의 시간이 더 편안했다.

엄마는 나에게 안정된 소속을 만들어주려 갖은 노력을 했다. 탈학교 청소년 공동체에도 데려가고 인문학 공동체에도 데려갔다. 공교육의 틀을 뒤로하고 새로 만난 세상은 넓고 다채로웠다. 교과서에 담겨 있지 않은 사건이나 문화 등을 조금씩 알게 되었다. 그러나 내가 가장 소속감을 느낀 곳은 도심 한복판, 어디에나 있는 '길'이었다. 내 몸을 편히 놓을 집이 없다는 게 이따금 슬펐지만 걷다 보면 초라함이나 쓸쓸함이 사라졌다.

처음 마주한 서울의 거리는 다소 충격적이었다. 어느 곳을 가나 있는 노숙인들, 거칠게 몸을 치고 지나가는 사람들, 시골에서는 들을 수 없었던 온갖 소음과 불빛이 나를 겁먹게 하기도, 흥분시키기도 했다. 곧 서울의 거리는 내게 개인 공간이 되기도 하고 놀거리가 되기도 했다. 걷기는 내가 아무것도 할 수 없을 정도로 우울의 바닥을 기어 다닐 때, 나만의 공간이 필요할 때 선택할 수 있는 유일한 것이었다. 걷기 위해 옷을 걸치다 보면 내게 할 일이 생긴 기분이 들었다. 우울과 절망을 폭식으로 해결하기 위해서든, 우울과 절망에서 벗어나기 위해서든, 현관문을 열고 나가면 언제나 걸을 수 있는 길이 있었다. 걷기는 내가 할 수 있는 가장 적극적인 행동이었다. 방향을 선택하고 길을 결정하는 일. 삶에서는 쉽게 주어지지 않았던 결정권이 걸을 때만은 내 손에 있었다.

에스엔에스에 올라오는 집회 현장에 찾아간 건 아주 가끔이었다. 처음에는 멋져 보이고 싶어서 갔다. '이런 데 오는 청소년'이라고 자랑하고 싶었다. 하지만 정작 현장에서는 아무것도 하지 못하고 도망치듯 자리를 벗어났다. 무서웠다. 땀에 찌든 사람들의 모습과 무너진 건물, 그리고 험악한 경찰들의 무전기 소리가 나를 위축시켰다. 온라인에서만 거침없이 말하는 나의 꼴이 우습고 창피했다. 그건 친구와의 성적 경쟁에서 지거나 엄마에게 혼날 때 느끼는 속상함이나 지루한 날 느끼는 무력감과는 차원이 다른 감정이었다. 어떤 세상에 대한 존경심과 두려움이 뒤섞여 나를 압도했다. 꼭 경험하고 싶은 세상이 생긴 순간이었다.

어떤 경험은 기존의 나를 무너뜨린다. 이때의 붕괴는 절망이 아니라 출발선이 된다. 알고 있던 세상이 무너지면 새로운 욕구와 욕망이 생겨난다. 이제 이전과 같은 방식으로 살 수 없다. 익숙하게 걷던 길로 돌아갈 수 없다. 집회 현장을 목격한 이후 나는 내가 걸어갈 새 길을 탐색하기 시작했다. 가족이나 교육이 빚어놓은 경로가 아닌 새로운 곳을. 인문학 수업, 탈학교 청소년 대상의 수업을 찾아갔다. 과거에 치열한 집회가 열렸던 장소들에 직접 가보기도 했다. 서툴고 느린 걸음으로 내가 살아온 세상과 앞으로 살아갈 세상을 더듬더듬 알아갔다.

내가 알지 못했을 뿐, 언제나 거친 폭력의 땅에는 연대의 손이 닿았고 불평등과 불공정의 구조 앞엔 그에 맞서는 목소리가 있었다. 변화의 시작과 끝엔 항상 사람이 있었다. 점수로 평가되던 공부는 외롭게 나와 싸우는 시간이었다면, 현장과 사람들 속에서 얻은 배움은 '나'를 세상으로 끄집어내고 연결시켰다. 사회의 구성원이 되었다는 감각은 처음으로 나의 '영향력'을 고민하게 만들었다.

모든 인간은 존재 자체로 주변에 영향력을 지닌다. 영향력은 사회의 일원으로서 가진 '몫'을 의미하기도 한다. 그러니 영향력을 고민한다는 건, 한국사회의 시민으로서 내가 가진 책임, 의무, 욕망을 고민해야 함을 뜻한다. 사회로부터 영향을 받기만 하는 게 아니라 나도 사회에게 영향을 줄 수 있다는 게 겁나고 낯설었다. 내겐 좋은 영향을 끼칠 만한 자격이나 내실이 없다고 느껴졌기 때문이다. 그러나 동시에 설렜다. 잠재된 나의 능동성이 꿈틀댔다. 한때 나의 자존감

3부 | 이런 삶이라도

은 높은 점수와 좋은 평가에서 솟아났다. 남들보다 뛰어나고 완벽한 결과를 내는 독보적인 존재가 되고 싶었다. 일정한 조건을 갖춰야만 내 목소리에 힘이 실리고 나라는 존재에 의미가 있다고 생각했기 때문이다. '시민'이라는 개념은 그 자체로 내 존재에 의미를 부여해주었다. 난 이미 그 자체로 영향력이 있고 목소리에 힘이 있고 의미 있는 존재였다.

쉘 위 댄스

"너희는 덥지도 않니?"

엄마와 내가 같이 자는 모습을 보면 둘째 이모는 꼭 한마디를 했다. 계절을 거르지 않고 서로를 부둥켜안은 채 자는 모습이 이모에겐 꽤 생경했던 모양이다. 커지는 몸과 무관하게 나는 잘 때가 되면 엄마의 품을 찾았다. 잠결에도 엄마의 팔을 찾았다. 물컹한 엄마의 가슴에 숨이 막히도록 코를 박아야 안심이 됐다. 우리의 다리는 넝쿨처럼 서로를 감았다. 더워서 이불은 제쳐도 서로의 몸은 움켜잡았다.

우리 모녀가 모든 사람의 살갖에 마음이 열려 있는 건 아니었다. 엄마는 어릴 적, 좁은 방에서 형제들과 잘 때 살이 부딪히는 게 가장 싫었다고 한다. 낯선 이와 몸이 닿는 건 더더욱 싫어했다. 엄마는 사람이 많은 곳이나 대중교통을 탔을 때 내 몸에 위험한 손이 다가올까 봐 항상 신경을 곤두세웠다. 나도 엄마를 따라 예민하게 주변을 경계했다. 엄마 못지않게 예민했던 나는 모르는 사람 옆에 앉거나 달라붙어야 하는 상황을 무척 불편해했다. 예상할 수 없고 친근하지 않은 사람과의 접촉은 전부 '이물감'으로 느꼈다. 친척들이 나를 껴안아줄 때도 어깨에 들어간 긴장을 풀지 못했다. 내가 내밀한 접촉을 허락한 사람은 아주 소수였다.

중학생이 되고 사춘기라는 시절을 맞이하면서 나는 가장 먼저 엄마와의 접촉을 거부했다. 나는 더 이상 엄마를 껴안고 자지 않았다. 등을 돌렸고 다리를 내 몸쪽으로 한껏 모았다. 엄마와 같은 이불을 덮는 것조차 불편했다. 방이 하나뿐이라 따로 잘 수 없는 게 불만스러웠다. 엄마는 나의 거절에 어떻게 대처해야 할지 방법을 찾지 못했다. 밀어낸다고 멀어지는 엄마에게 나는 만족감과 불안을 동시에 느꼈다. 내심 엄마가 지지 않고 제자리를 지켜주길 바랐었나 보다.

탱고를 처음 배웠던 날, 선생님이 나에게 손바닥을 보여주며 밀어보라고 했던 게 기억난다. 힘껏 밀수록 선생님의 손은 더 팽팽하게 제자리를 지켰다. 두 사람이 서로를 미는 힘으로 팽팽한 긴장감을 만들어 중심을 찾는 것, 그게 탱고라고 했다. 텐션tension을 처음 느낀 순간, 나는 탱고에 매료되었다. 밀고 당기는 힘이 만드는 균형. 그건 태어나 처음 경험하는 감각이었다. 내가 밀어낸다고 밀려난 사람들과 내 의지와 무관하게 자리에서 밀려났던 순간들을 떠올렸다. 그때의 난 무력하기만 했다. 탱고에서는 달랐다. 밀고 당기는 것 사이에서 찾은 균형 위에 나는 꼿꼿이 설 수 있었다. 내 무게를 견디는 파트너의 손이 든든했다. 상대방에게 기대면서도 무너지지 않도록 강하게 땅을 딛고 있는 내 발이 느껴졌다. 두 사람의 힘과 힘 사이에서 찾아낸 균형. 기울어지고 틀어지면서도 풀어지지 않는 맞잡은 손. 왜인지 춤추는 그 순간이 안전하게 느껴졌다.

그렇게 탱고를 시작했다. 파트너와 손을 맞대고 가슴 부분을 서로 기대어 서면 춤출 준비는 끝난 것이다. 음악을 들으며 좌우로 옮겨지는 서로의 무게감을 느끼고 손과 가슴 사이에 형성된 텐션을 감지하면 마침내 한 발, 미리 약속되지 않은 춤의 첫걸음이 시작된다. 몸의 기울임, 무게감의 이동, 주고받는 힘이 신호가 되어 동작을 만든다. 상대의 신호를 읽으며 추는 탱고는 즉흥이 가능한 춤이었고 때문에 전 세계 어디에서 누구와 손을 잡아도 출 수 있었다. 새로운 언어를 배우는 기분이었다. 탱고라는 언어 속에서 오가는 접촉은 나를 위협하지 않았다. 그동안 불쾌하기만 했던 타인의 살결에 조금씩 익숙해졌다.

１년 정도 탱고 수업을 받았다. 그동안 사람들 앞에 서는 공연도 해보고 가르치는 일도 해봤다. 42킬로그램이었던 몸은 조금씩 불어 45킬로그램을 넘겼다. 수업을 듣는 날도 있었지만, 진행 보조로 참석하는 날이 점점 늘어갔다. 탱고 선생님은 나를 무척 자랑스러워하셨지만 나는 탱고가 점점 어려워졌다. 탱고는 여성의 '관능미'를 강조하는 춤이었다. 열여섯 살, 40킬로그램 초중반의 몸을 가졌던 나에게 관능미는 이해하기도, 표현하기도 너무 어려웠다. 하루의 대부분을 나보다 최소 열 살 이상 많은 어른들과 지내야 하는 것도 힘들었다. 여전히 춤추는 것은 좋았지만 몸에 맞지 않는 옷을 입은 기분이 들어 결국 탱고를 그만두기로 결정했다.

탱고를 그만둔 후에도 나는 사람들에게 춤추는 사람이 되고 싶다고 말했다. 그러나 어떤 춤을 추고 싶은지, 왜 추고 싶은지 깊이 생각하지는 못했다. 현실적으로 춤을 전문적으로 추기에 나이가 너무 많았고 집의 경제력도 부족했다. 결국 나는 시민 대상의 무료 춤 수업을 찾아갔고, 거기서 새로운 춤의 세계를 만났다.

전문적으로 춤을 배워본 적 없는 20대부터 50~60대까지의 사람들이 춤을 추겠다며 한데 모였다. 스트레칭부터 음악의 리듬을 느끼는 것까지, 참가자들에게는 전부 익숙하지 않은 행위들이었다. 수업은 춤 기법을 가르치는 게 아니라 자신의 몸을 느끼는 데서 출발했다. 땅을 디딘 나의 발을 느끼기. 굳어 있는 나의 허리를 느끼기. 따뜻한 손으로 내 얼굴을 만져주기. 자신의 몸과 새롭게 관계 맺는 것에서 춤은 시작되었다. 뻣뻣하고 엉성하고 다듬어지지 않은 몸들이 모여 춤을 만들어갔다. 타인의 몸에 자신의 무게를 맡겨보기도 하고 타인의 무게를 견뎌도 보며 '몸'을 알아갔다. 어린아이처럼 뛰기도 하고 엉덩이를 흔들고 팔을 하늘 높이 뻗어도 보며 몸을 둘러싼 공간을 새로이 탐색했다. 이 수업에서 춤은 전문가를 모방하는 것이 아니라 내 안에 이미 있는 움직임을 꺼내는 작업이었다.

여기서 춤을 가장 잘 추는 사람은 젊은이도 아니었고 왕년에 춤 좀 춰본 사람도 아니었다. '뻔뻔한' 사람이 가장 춤을 잘 췄다. 체면치레 없이 몸이 느끼는 대로, 움직이고 싶은 대로, 자신의 몸을 있는 그대로 드러내는 사람이 가장 자연스럽고 기발한 춤을 췄다. 대체로 중년의 여성들이 그러했다. 그들은 타인의 몸에 서슴없이 다가갔고 용감하게 말 걸 줄 알았다. 우물쭈물하는 사람들 사이에 성큼 발을 내디디며 골반을 튕기고 어깨를 흔들었다. 중년의 시간을 살고 있는 '언니'들의 춤에는 그동안 살아온 시간이 녹아 있었다. 팔은 잘 올라가지 않았고 골반의 균형은 틀어져 있었다. 그런데 그 나이 듦이 만든 불균형이 개인의 고유한 리듬을 만들었고 그건 아무도 모방할 수 없는 것이었다. 종종 그들의 과감함이 부러웠다. 내가 쑥스러움에 갇혀 쭈뼛대는 사이에 그들은 자신과 사회가 만들어놓은 틀에 균열을 내고 앞으로 성큼성큼 나아갔다.

춤 수업에 온 참가자들은 대체로 자신의 욕망에 충실하겠노라고 마음을 먹고 온 사람들이었다. 솔직한 욕망은 누구도 해치지 않았다. 오히려 마중물이 되어 사람들이 자신의 이야기를 꺼내도록 만들었다. 한 사람의 숨겨온 마음이 공론장으로 꺼내지면 다 함께 해방감을 공유했다. 조금씩 서로를 신뢰했고 그렇게 가까워졌다. 참가자들에 대한 신뢰가 쌓일수록 나는 춤을 즐길 수 있게 되었다.

수업은 끝났지만 그때 맺은 관계는 오랫동안 이어졌다. 참가자 다수가 계속 춤출 공간을 찾았다. 어떤 이들은 자신의 욕망에 더 집중했고 어떤 이들은 춤에서 배운 '관계 맺기'에 집중했다. 그때를 계기로 나와 몸의 관계, 타인의 몸과의 관계에 관심을 갖기 시작했다. 참가자 중 같은 관심사를 공유하는 사람들끼리 수업을 만들어 진행했고 그렇게 소마soma*와 즉흥춤dance improvisation을 알게 됐다.

소마는 몸을 바라보는 하나의 개념이고 즉흥춤은 현대무용에서 파생된 춤의 방식이다. 나는 시민 대상의 춤 수업들에서 반복적으로 두 개념을 접했다. 소마틱은 한 개인이 자신의 몸과 관계를 맺는 방식을 안내한다. 즉흥춤은 타인의 몸과 관계 맺기를 통해 같이 춤추는 방법을 제시한다. 둘 다 '감각'에 대한 존중과 신뢰를 중시한다. 존중받은 몸은 구석으로 움츠러드는 대신 외부를 향해 열리고 새로운 만남으로 나아갈 준비가 되어 있다. 신뢰받은 몸은 타자를 받아들일 용기를 갖는다. 내 움직임을 고집하는 대신 몸을 열어 타인의 무게와 움직임을 받아들일 때 즉흥춤은 시작된다.

서로 다른 영역을 다루고 있는 두 개념은 관계 맺음을 추구한다는 점에서 닮았다. 관계를 추구하는 움직임은 공공성을 띤다. 기술이나 움직임의 완성도에 집중하는 것이 아니라 이 사회를 살아가는 몸을 타인과 '공유'하는 데 초점을 맞추기 때문이다. 공론장으로 등장하는 몸이 다양해질수록 움직임의 가능성은 풍부해진다. '틀린' 움직임이 없는 곳에서 모든 몸은 그 자체로 '옳다'.

---

* "그리스어로 '소마soma'는 총체적인 생명체라는 뜻으로 기능적으로 충만하게 살아 있는 몸을 말한다. (…) 토마스 하나는 '소마'에 특별한 의미를 부여하여 '정신적, 육체적, 기능을 포함하며 움직임을 통해 스스로 진화하는 존재'를 일컫는 데 사용한다." 토마스 하나, 《부드러운 움직임의 길을 찾아》, 김정명 옮김, 소피아, 2013, 34쪽(옮긴이 주).

나는 춤을 통해 비로소 내 몸을 섬세하게 감각할 수 있었다. 극한 상태에서만 인지되었던 내 몸이 고요한 공간 속에서, 사람들의 온기 속에서 마침내 느껴졌다. 춤을 통해 타인의 몸을 보고 느끼며 내가 평소에 얼마나 타자에게 무심했는지 알 수 있었다. 내가 사람 간의 접촉을 이물질로 느꼈던 이유는 익숙하지 않은 것에 마음을 열어보지 않았기 때문이었다. 타인을 나에 대한 위협, 침범으로만 간주할 때 관계는 사라지고 경계만 남는다. 외부에 대한 경계심으로 가득했던 시절 나는 예민했고 외로웠다. 경계하는 데 힘을 쏟느라 나를 돌아볼 여력이 없었다. 긴장을 낮추고 주변에 시선을 돌리고 나니 비로소 내 몸의 상태를 인식할 기운이 생겨났다.

춤을 통해 내 몸을 느끼고 타인의 몸을 느꼈던 모든 과정은 관계 맺는 과정을 닮아 있었다. 타자가 없는 세계에는 관계가 없다. 관계가 사라진 상태에서 나를 안다는 게 어떤 의미가 있을까. 낯선 것과의 만남은 새로운 나를 발견하게 만든다. 나를 발견한다는 건 나 자신과 새롭게 관계를 맺는 일이다. 생각보다 우리는 자신을 잘 알지 못한다. 내 몸의 어디가 정확히 어떻게 아픈지도 잘 모르는데 어떻게 '나'를 안다고 할 수 있을까? 나와 다른 몸을 온전히 수용하고 느낄 때 춤이 가능해지는 것처럼 나와 다른 것을 만날 때 우

쉘 위 댄스

린 '경험'을 한다. 타인의 몸과 나의 차이를 통해 내 몸을 알게 되었다. 그리고 새로운 움직임을 발견했다. '차이'가 나를 불편하게 하는 것이 아니라 확장시키는 것이라 믿게 되었다. 모두에게 그럴 거라고 믿어 의심치 않는다.

누군가 죽기 전에 추고 싶은 춤이 뭐냐고 묻는다면 난 나와 추는 춤이라고 할 것이다. 그동안 다양한 사람들과 춤을 추며 그들의 몸을 있는 그대로 보는 경험을 여러 번 했지만 아직까지 난 내 몸을 있는 그대로 봐주지 못한다. 타인의 감각을 존중하는 만큼 내 감각을 존중하고 나를 신뢰해주고 싶다. 내 무게를 온전히 견디며 딛고 있는 땅에 깊숙이 뿌리 내리는 걸 느껴보고 싶다. 내 몸의 작은 구석도 놓치지 않고 접촉하며 온기를 주고받고 싶다.

한국이 싫어서

한 문장으로 간단하게 설명되지 않는 곳들에서 서류로 남기기 어려운 활동들을 하며 어느 곳에서도 정착을 마음먹지 못했다. 많은 이들은 내가 독립적인 진로를 개척하고 있다고 봤지만 나에게 지난 시간들은 남에게 선뜻 추천하지 못할, 부유와 방황으로 남아 있다. 그리고 그 시간을 통과하는 동안 내 안에서 울리는 엄마의 목소리는 한순간도 꺼진 적이 없다.

어렸을 때부터 나의 미래는 결정되어 있었다. "채영아, 사주 보는 할아버지가 너는 꼭 외국에 보내래. 외국에서 교수할 팔자래." "채영이는 사주에 외국 가서 살면 잘산대."
"물 건너면 팔자가 핀다더라." 그 때문일까. 해외여행을 가
면 그렇게 마음이 편했다. 밥도 잘 먹고 시차 적응도 필요
없이 잠도 잘 자고 안 나오던 똥도 잘 쌌다. '역시 난 외국에
나가야 하나 봐.' 그렇게 생각했다.

한국은 내가 살 곳이 아니라 생각하니 점점 한국이 싫어
졌다. 처음으로 한국이 싫어진 건 중학생이 되고 나서였다.
도축 전 가축에 등급이 찍히듯 성적으로 등급이 매겨지고
낮은 등급의 학생들은 마치 미래가 없는 사람처럼 취급당
했다. 교사들은 그들에게 쉽게 막말을 했다. "그따위로 살
아서 뭐하려고 하나." "생각이 있냐 없냐." 더 대책이 없는
학생에게는 말도 걸지 않았다. 교실 안에 왕따와 폭력은 비
일비재했고 몇몇 교사는 교실 내의 서열을 학생을 통제하
는 데 이용했다. 난 점점 더 교사들을 경멸했다. 자신이 잘
못 생각했을 것이라는 한 치의 의심도 없이 학생을 평가하
고 체벌하는 그들이 너무 싫었다.

학교가 싫어서 학교를 떠났다. 마을 꼭대기에 덩그러니
놓인 집에서 할 수 있는 건 인터넷 강의를 듣거나 텔레비전
을 보는 것 말고는 없었다. 결국 난 서울로 올라갔다. 처음
만난 서울은 자극적이고 자유로웠다. 지하철을 가득 채운
사람 중 나를 아는 사람이 하나도 없다는 것이 편했다. 어느

길을 걷든, 어느 식당을 들어가든 아는 사람을 마주칠 가능성이 없다는 건, 엄마가 나의 일상에 간섭할 수 없음을 뜻했다. 그건 해방이었다. 불빛을 찾아 날아다니는 불나방처럼 매일매일 거리를 헤맸다. 아무리 걸어도 새로운 곳이 나왔다. 서울의 변화무쌍함은 나를 흥분시켰다.

서울에 대한 콩깍지가 벗겨지는 데는 긴 시간이 걸리지 않았다. 곧 내가 마주한 현실은 소속 없는 청소년의 지루한 하루였다. 뭘 배우든 또래를 만나기 어려웠다. 어른들 속에서 난 늘 '특별한 아이'가 되었다. 탈학교의 이력, 탱고를 배우는 10대, 말을 참 잘하는 청소년, 어른스러운 아이. 나의 의사와 무관하게 붙은 딱지들이 내 어깨를 무겁게 만들었다. 그렇게 맞이한 10대 후반, 나는 아르바이트의 세상에 진입했다.

대학에 가서도 멈출 수 없던 아르바이트를 하다 보면 가망 없는 나의 미래를 미리 맛보는 기분이었다. 벌어도 벌어도 부족한 돈이 야속했다. 아르바이트를 하며 만난 어른들의 눈빛에 즐거움이나 활기는 없었다. 술에 절어 겨우 출근한 주방장, 자신의 하루 일당보다 비싼 옷을 팔기 위해 손님을 설득하는 여사님. 숨 막히는 도시의 매연과 무표정하고 퉁명스러운 서울 사람들의 표정이 싫었다. 그렇다고 지방으로 가자니 각종 자원이 서울에 몰려 있었다. 일자리, 문화생활, 편리한 대중교통, 게다가 친한 또래 사람들까지. 서울은 '가능성'의 도시였고, 가능성을 위해 매일 마주하는 현실을 희생하는 게 당연했다. 하루만 더, 하루만 더 버티면 지금보다 미래가 나아지겠지. 이 같은 희망고문이 너무 싫었지만, 나도 같은 말을 하며 출근하기 싫은 내 몸을 억지로 이끌고 있었다. 이렇게 계속 살고 싶지 않아서 찾은 대안적 공간과 프로그램 안에서도 난 정착하지 못했다. '역시 난 한국에 있으면 안 되나 봐.' 소속이 바뀔 때마다 사주팔자를 되새겼다. 그러다 호주로 워킹홀리데이를 떠났다.

그런데 호주에서 산 지 반년도 안 됐을 때 코로나19 팬데믹이 터졌고, 그때 나는 처음 사주를 의심했다. 어쩌면 사주가 틀렸을지도. 한국행 비행기 티켓을 결제하며 착잡한 마음 한편에 자리한 들뜬 나를 마주했다. 어쩌면 삶에서 국가는 중요한 게 아닐지도 모른다.

호주의 첫 보름은 좋았다. 새로운 곳을 놀러 가고 새로운 보금자리를 찾으러 이 집 저 집 다니며 미래에 대한 희망을 채웠다. 일자리를 구할 때까지도 설렜다. 어떤 앞날이 기다리고 있을까. 주급 1000달러를 벌 수 있을까? 돈을 많이 모을 수 있을까? 돈을 벌면 뭘 할까! 새 직장에서 처음으로 주급 800달러를 달성했을 때도 기뻤다. 한국에서는 절대 만져볼 수 없었던 돈이 수중에 떨어졌기 때문이다. 즐거움은 한 달 정도 이어졌다. 하지만 주 800달러 이상을 번다는 건 주 50시간 이상 일한다는 것을 뜻했다. 퇴근해서 쓰러지듯 자고 일어나 후다닥 출근하는 일상이었다. 어쩌다 얻은 하루의 휴일은 자다 보면 끝났다. 동료 대부분이 착하고 친절했지만 몇몇 손님과 동료들의 어처구니없는 인종차별은 익숙해지고 싶지 않은 불쾌함이었다. 그럼에도 불구하고 시간이 갈수록 나는 현실을 받아들이고 있었다. 어쩔 수 없지. 어쩔 수 없어.

내가 느낀 불쾌함을 편안한 언어로 나누고 공감해줄 사람이 없다는 게 자꾸 날 외롭게 했다. 에스엔에스에서 보이는 한국 친구들의 얼굴이 그리웠다. 그러다 한국 여성 연예인들의 죽음 소식을 듣게 됐다. 대중의 비난과 냉소에 시달리다 스스로 세상을 등진 여자들의 소식이 남의 일로 느껴지지 않았다. 화가 나고 울고 싶었지만 감정을 나눌 사람들은 저 멀리 한국 땅에 있었다. 그들의 살결과 호흡, 뜨거운 눈물과 목소리를 느끼고 싶었다. 같이 슬퍼하고 분노할 동지가 없다는 것을 생생하게 감각했다. 내가 원하는 삶이 무엇인지, 진지하게 묻게 되는 순간이었다. 한국이 아무리 지옥 같아도, 내가 바라는 건 나 홀로 지옥 탈출이 아니라 같이 지옥을 견딜 동지가 되는 거라는 것을. 채워지는 통장을 봐도 기쁘지 않은 이유는 내 삶의 동반자가 될 거라 믿었던 친구들이 저 먼 땅에 있기 때문이라는 것을. 든든히 먹어도 사라지지 않는 허기는 친구와의 수다로만 채울 수 있다는 것을. 이 모든 것을 가까스로 깨달았다.

그때쯤이었던 것 같다. 다시 우울이 시작된 때가. 쇼핑몰에 앉아 있다가 울컥하고 잠을 자다가도 울음이 나오던 때가. 영화를 봐도 책을 읽어도 코미디를 봐도 쓸쓸했다. 내게 필요한 건 새로운 땅이나 많은 돈이 아니라, 친구였다. 팬데믹이 아니었어도 호주에서 한국으로 돌아왔을 것이다. 한국이 싫었지만 그 땅을 지키고 그 사회를 살아내고 있는 내 친구들을 나는 너무도 사랑했다. 홀로 천국에 사는 것보다 같이 지옥을 견디는 게 내가 원하는 삶이라는 걸, 호주에 가서야 깨달았다. 삶을 함께하고 싶은 동지를 만나는 일은 살기 좋은 땅을 찾아가는 것보다 어려운 일이다.

여전히 한국을 싫어한다. 빈익빈 부익부. 어린 나이부터 경쟁에서 살아남아야 하는 교육 시스템. 점점 보수적으로 변하는 사고와 정치 방향. '다름'에 배타적이고 '동질성'을 강조하는 사람들. 변화 없는 무표정과 날 서고 무례한 말투. 감히 탐도 낼 수 없는 주택 가격. 치솟는 물가와 제자리걸음인 서민 다수의 소득. 조용한 광장. 그 보통의 삶에서 난 한 치도 다르지 않게 살아가고 있다. 가까스로 얻은 월급 200만 원 이상을 주는 직장에서 난 전에 경험해보지 못한

안정감을 느끼며 동시에 불안하다. 언제까지 이렇게 살아야 할까.

그럼에도 난 한국을 산다. 내 삶을 지탱해주는 친구이자 동지들이 있기에 하루를 더 살아낸다. 우린 쳇바퀴 같은 생활 속에서 자유를 잃지 않기 위해 책을 읽고 술 한잔과 함께 대화를 나눈다. 가난한 상황에서도 선물을 나누고 서로의 안부를 살핀다. 그들의 존재는 고맙다는 말로 다 표현되지 않는다. 나를 살린 생명수이자 앞으로의 삶을 포기하지 않기 위해 붙잡은 나의 동아줄이다. 나의 친구들은 서로의 외로움을 해결해주지 못하지만 외면하지는 않는다. 서로의 고통을 해소해주지 못하는 것을 알지만 포기하지는 않는다. 우리는 '존재'의 가치를 안다. 그래서 주문을 외듯 말한다. 살자. 살아내자. 살아야 자유도 가질 수 있으니까. 살아야 우리의 터전도 찾을 수 있으니까. 살자는 동지들의 말덕분에 난 이 땅을 견딘다. 한국이 싫어도, 그럼에도 불구하고.

어느 날 고양이가 내게 찾아왔다

2020년 11월 1일. 직장 동료가 겨울비를 맞으며 담벼락 위에 웅크리고 있는 작은 고양이를 발견했다. 사무실로 데려와 씻기고 말린 뒤 혹시 어미가 찾을 수도 있으니 같은 자리에 데려다 놨다. 그날 저녁, 그 아이의 행방이 궁금해 다시 가본 담벼락 위에는 여전히 작은 고양이가 웅크리고 있었다. 직장 동료들은 논의 끝에 아이를 사무실로 데려오기로 했다.

다음 날 병원에 데려가고 나서야 우리는 오전에 발견한 고양이와 저녁에 발견한 고양이가 다른 아이라는 걸 알게 되었다. 두 마리 다 똑같은 고등어 무늬였지만 첫 번째 고양이에게 없던 코 위의 점이 두 번째 아이에게 있었다. 첫 번째로 발견했던 아이는 나중에 동네에서 다시 만났다. 아마도 둘은 형제가 아닐까 싶다.

우리는 이 작은 고양이에게 '태희'라는 이름을 붙여주었다. 태희의 건강 상태는 별로 좋지 않았다. 귀와 항문에 진드기가 있었고 눈에서는 자꾸 진물이 나왔다. 먹은 게 없는 탓에 오줌 쌀 힘도 없어 사람이 도와야 했다. 동료들은 돌아가며 태희를 보살폈다. 똥을 싸면 똥을 쌌다고, 오줌을 싸면 오줌을 쌌다고 기뻐하고 칭찬했다. 숟가락으로 물을 떠서 먹이고 꼬박꼬박 약을 챙겼다. 다행히 태희는 주는 음식을 가리지 않고 잘 먹었다. 삐쩍 말랐던 몸에는 조금씩 살이 붙었고 곧 혼자 똥오줌을 싸고 흙으로 덮을 힘도 생겼다.

바쁜 시기, 태희 덕분에 사무실에는 하루에 한 번 이상 웃을 일이 생겼다. 사람 손을 베고 자는 태희 모습, 배를 드러내고 자는 태희 모습, 사람 머리 위에 올라간 태희 모습을 보며 우리는 여유를 찾고 마음에 휴식을 가졌다. 태희는 사무실에 사는 고양이답게 컴퓨터 옆에서 놀고 키보드를 베고 잤다. 사람들이 앉아 있는 의자를 캣타워 대신 오르내렸다. 회의할 때면 꼭 테이블 중앙에 자리를 잡고 앉았다. 관종 고양이. 우리는 태희를 그렇게 불렀다.

그날은 다른 날과 다르지 않은 밤이었다. 모두 퇴근하고 마지막으로 사무실 문을 닫으려 하는데 태희가 갑자기 눈

태희(왼쪽)와
태양(오른쪽).

에 밟혔다. 텅 빈 집에서 혼자 놀며 엄마를 기다렸던 나의 어린 시절이 떠올랐다. 집에 있는 불을 다 켜도 집이 어둡게만 느껴졌던 게 기억났다. 태희는 그때의 나보다 훨씬 어린데. 이 밤이 얼마나 길까. 나는 가방을 다시 내려놓고 사무실 한편에 침낭을 깔았다. 장난감을 들고 태희와 놀아주다 잠들었다. 태희는 내 목덜미에 머리를 두고 쌔근쌔근 코를 골았다. 그날 이후 난 태희 때문에 퇴근을 못 하거나 태희 때문에 일찍 출근하는 날이 많아졌다. "태희야!" 하고 부르면 야옹거리며 어디선가 나타나는 그 작은 생명이 견딜 수 없게 사랑스러웠다. 태어나 처음으로, 이 존재가 날 좋아하지 않아도 상관없다고 생각했다. 내가 이 생명을 아끼니까. 내게 이 생명이 소중하니까. 그저 태희 곁에 오래도록 있고 싶었다.

몇 주 후, 사무실은 큰 행사를 하나 치른 후 방학을 갖기로 했다. 방학 기간에 태희를 누가 돌볼지 결정해야 했다. 나는 그 전부터 몇 차례 태희와 함께 살고 싶다고 말을 한 적이 있었다. "내가 임보(임시보호)할게요." 당시까지만 해도 태희를 임보하다가 다른 곳에 입양을 보낼 생각이었다. 태희와 잘, 건강하게 살 자신이 없었기 때문이었다. 나 하나 감당하기도 버거운 상태에서 동물과 사는 것은 무책임하다고 생각했다. 나의 우울과 섭식장애가 태희에게 옮거나 태희를 병들게 할까 봐 겁이 나기도 했다. 당시 나는 그다지 안정적인 상태가 아니었다. 무력감이 나날이 깊어졌고 다리 위에 서서 밑을 바라보는 날이 잦아졌다. 출처를 알 수 없는 불안감에 밤길을 걷고 또 걷다가 녹초가 되어 집에 들어가곤 했다.

　태희를 집에 데려온 첫날 밤, 나는 태희를 아무 데도 보낼 수 없을 거라는 걸 확신했다. 나는 이미 생각보다 태희에게 많이 의지하고 있었다. 따뜻한 온기. 적막한 집을 휘젓고 다니는 작은 생명체. 무언가를 요구하는 눈빛과 동시에 너 따위는 없어도 된다는 듯한 도도함. 태희의 등장으로 인해 내 집은 전과 다른 공간이 되어버렸다. 술과 폭식에 찌든 공간이 순식간에 한 아기 고양이의 놀이터로 변모했다. 태희 덕분에 나는 나의 집을 다른 시선으로 바라볼 수 있었다. 내집도 따뜻한 공간이 될 수 있고, 누군가의 놀이터가 되고 삶의 터전이 될 수 있었다.

　딸깍. 현관문 키패드를 열면 문 너머로 작은 울음소리가 들렸다. 오랜만에 듣는 마중의 인사였다. 손을 씻고 태희를 안아 들면 딱딱한 내 얼굴에 미소가 스며들었다. 보드라운 털과 말랑한 피부가 나를 위로했다. 태희는 나의 상태와 무관하게 한결같이 나를 맞았다. 매일 같은 울음소리로 반기고 징징대고 조잘댔다. 하루에도 몇 번씩 오르락내리락하는 나의 기분과 달리 태희는 안정적이었다. 먹고 자고 놀고 배설하고. 덕분에 규칙이 없던 내 생활에 리듬이 생겼다. 아침이 되면 태희의 밥을 챙긴다. 태희가 잘 때 같이 잔다. 태희와 놀아준다. 태희의 화장실을 치운다. 태희는 불안한 나를 붙잡아준 단 하나의 추였다.

두 번의 자살 사고와 한 번의 자해. 폭풍 같았던 밤들은 나에게도 내 주변 사람들에게도 깊은 상처를 남겼다. 나처럼 불안정하고 우울이 깊은 사람은 주변에 피해를 준다는 자괴감에 마음은 위축되고 자존감은 계속 떨어졌다. 스스로를 감금하듯 집에서만 지내는 시간이 점점 길어졌다. 외부와 연락을 자제하고 이불 속에 웅크리고 있을 때, 집에 불을 꺼놓고 맥주를 마실 때, 내 곁을 지킨 건 태희였다. 태희는 달라진 게 없었다. 늘 똑같이 밥을 먹고, 놀고, 잠을 잤다. 유난히 치대는 일도, 반대로 나를 멀리하는 일도 없었다. 태희는 그저 자신의 일상을 살았다.

평소와 같았던 어느 날 아침. 이불에 붙은 듯 움직이지 않는 몸을 일으켜 무작정 밖으로 나갔다. 태희와 같이 밖으로 나가 풀 냄새를 맡고 햇볕을 쬐었다. 그것이 그날 외출의 전부였다. 다음 날은 집 근처의 작은 산을 올랐다. 젖은 흙냄새가 콧속을 자극하고, 갓 피어난 꽃 내음이 마음을 위로했다. 그날 이후, 며칠 동안 매일 산을 올랐다. 하고 싶지 않은 마음을 가득 품은 채로 옷을 갈아입고 운동화를 신었다. 산에 들어서면 바람에 흔들리는 나뭇잎 소리가 불안정한 마음을 도닥였다. 헉헉대며 정상에 올라 도심을 내려다보면 무언가 이룬 느낌이 들었다. 빠른 걸음으로 산에서 내려올 땐 집에 가서 할 일을 생각했다. '영화를 봐야지.' '맛있는 음식을 시켜 먹어야지.' '태희와 놀아야지.' 생각이 생각으로 그치는 날이 많았지만 그럼에도 계속 생각했다. 이 산을 내려가면 어제보다 나은 오후를 보낼 것이라고. 현관문을 열고 집에 들어서자마자 맥주 캔을 따면서도 속으로 속삭였다. '괜찮다. 오늘 저녁은 달라질 것이다. 내일은 또 다를 것이다. 나는 바뀔 수 있다.'

태희가 내게 알려준 것은 '곁'의 소중함이었다. 불안정하고 아슬아슬한 상황에 놓인 나를 지키고 구한 건 커다란 계기도, 값비싼 치료도 아니었다. 꾸준한 존재. 거기에서 오는 안정감이 나를 보호했다. 나와 무관하게 반복되는 태희의 일상은 매일 주어지는 기회처럼 느껴졌다. 휙, 휙, 돌아가는 낚싯대를 쫓아다니는 태희를 따라 내 마음은 활기를 되찾았다. 울 땐 울더라도 사는 건 살아야지. 휙, 하고 허공을 가르며 뛰어다니는 태희의 역동을 보며 다짐했다. 절망할 때 하더라도 삶을 계속 살아야 한다고. 그렇게 또 한 번의 어둠을 지나왔다.

이것이 벌써 3년 전의 일이다. 현재 나는 두 마리 고양이 태희, 태양과 살고 있다. 태양이는 '치즈냥'으로 아주 활발한 수컷이다. 이제 겨우 인생 2년 차를 맞이했다. 태양이는 매일 아침 울음소리로 나를 깨운다. 나의 겨드랑이에 얼굴을 들이밀며 '골골송'을 부르다가 "애앵" 하고 울고 까끌거리는 혀로 내 귓볼을 핥다가 "애앵" 하고 운다. 잠에서 깨어나지 못하는 나를 매일, 변함없이 찾아와 건든다. 태양이가 내 곁을 한바탕 훑고 지나가면 종종 다음 타자로 태희가 찾아온다. 태희는 나를 깨우는 대신 이불 속을 파고들어 나의 두 다리 사이에 똬리를 틀고 눕는다. 이 시간은 하루 중 거의 유일하게 나와 태희가 온전히 둘만의 공간을 갖는 때다. 활발하고 적극적인 태양이에게 반응하다 보면 태희를 들여다보는 걸 놓치는 날이 많다. 그러다 가끔 태희가 이렇게 나를 찾아오면 고마운 마음으로 태희를 느낀다.

나는 성실한 집사가 아니다. 낚시 놀이를 종종 빼먹고, 퇴근하고 돌아와 태희와 태양이의 안부를 살피는 것보다 라면 물을 먼저 올릴 때가 많다. 집 안을 채우는 태양이의 울음소리에 짜증으로 답하는 날도 많다. 바닥에 배를 드러내놓고 누워 있는 두 마리의 고양이를 보면서 '저 둘이 나와 살아 행복한 게 맞는 걸까?' 하고 매일 한 번씩 스스로에게 묻는다. 사실 날 떠나고 싶지만 그러지 못해서 이 집에 머무르는 건 아닐지. 나의 곁보다 더 행복한 곳이 있을 수 있는데, 내가 그 행복을 가로막고 있는 건 아닐지. 미안한 마음에 괜히 이름을 불러보고 내 곁에 왔을 때 꼭 끌어안아본다.

삶에 소중한 존재가 생긴다는 건 많은 우연과 행운이 만나 발생하는 소중한 사건이라는 생각을 한다. 쉽게 오는 기회가 아니기에 귀하고 귀한 만큼 많은 책임을 요구한다. 책임의 무게는 크지만 내가 선택했기에 버겁게만 느껴지지 않는다. 오히려 태희, 태양이라는 두 존재는 내가 살아야 하는 이유가 되어준다. 둘의 등장으로 나는 태어나 처음으로 '같이 늙어가는 것'을 꿈꾸게 되었다.

오늘도 이 두 생명체에게 고맙다. 내 옆에 앉아줘서. 오늘 아침에도 깨어나 나를 불러줘서. 똥오줌을 잘 싸줘서. 둘이 치고받고 쫓아다니며 집에 활기를 불어넣어줘서. 태희와 태양이의 꼿꼿한 꼬리가 내 볼을 스칠 때, 태양이가 내 얼굴에 자신의 똥구멍을 들이밀 때, 난 나지막이 속삭인다. "아프지만 마." 그러면서 겨우 가늠해본다. 엄마가 내게 주문을 외듯 되풀이하던 그 말 너머의 마음을. "아프지만 마." 어느 날 내 인생에 갑자기 등장해버린, 나보다 소중한 존재에게 바라는 단 하나의 마음. 아프지만 않기를. 하루라도 더 내 곁에 머물러주기를.

아픈 몸으로 살아간다는 것

하루에 두 번 약을 먹는다. 아침에 한 번, 자기 전 한 번. 약의 실제 효과와 무관하게 약을 먹는 행위는 나를 안심시킨다. 내가 '치료'를 위해 노력하고 있다고 느끼게 해주기 때문이다. 2주에 한 번 상담도 간다. 약을 먹고 상담을 한 지 2년이 넘었지만 나의 주요 증상은 사라지지 않고 있다. 여전히 매일 폭식하고 구토한다. 거의 매일 저녁 술을 마신다. 잠을 푹 자지 못한다. 한 달에 최소 한두 번은 한 걸음도 이불 밖으로 내디딜 수 없는 무력감에 빠진다.

이런 나의 삶에 익숙하다. 크게 나아진 다음 날을 기대하지 않는다. 사실 증상 치료를 의식하지 않은 채로 산 지 꽤 됐다. 나에게 섭식장애는 삶의 일부가 된 지 오래다. 그럼에도 불구하고 조금씩 변해가는 내 몸이 가끔 두렵다. 마침내 병이 다 나았을 때, 내 몸이 더 이상 보통의 삶을 견뎌낼 수 없는 상태면 어떡하지? 겁먹게 된다. 폭식이 심한 날이면 병이 영영 낫지 않을 거라는 생각에 빠진다. 병원에서는 '장기전'이라고 했다. 이미 누구보다 잘 알고 있다. 15년을 살아냈는데 앞으로 더 살아내지 못할 이유가 있는가?

한 가지 병을 오래 앓는다는 것은 각종 위험에 노출된 상황을 받아들이는 과정을 동반한다. 섭식장애는 내 몸에 많은 흔적을 남겼다. 우울증과 알코올 의존으로 인해 집중력과 기억력이 떨어졌고 어쩌면 언어 구사 능력도 저하됐을 것이다. 치아와 잇몸이 많이 손상됐다. 내 또래에 비해 골다공증 위험이 높고, 약물 과다 복용 이력으로 인해 발작의 위험을 안고 살아간다. 위장병은 오래된 동반자다. 제대로 된 끼니를 먹고 소화시키는 데 길게는 반나절이 걸릴 때도 있다. 이 많은 흔적은 순서를 달리하며 불쑥불쑥 내 일상에 끼어든다. 어떤 날은 갑자기 이가 무척 시리고 어떤 날은 원인을 알 수 없는 통증이 몸 일부에 발생한다. 모든 사람이 경험할 만한 건망증에도 나는 겁을 먹고 최악의 상상을 한다. 이를테면, 내가 알츠하이머병을 앓게 되는 상상…… 이런 상상은 쉽게 나를 위축시킨다. 위축된 나는 다시 증상으로 미끄러진다. 일종의 악순환이다.

그런데 왜 더 적극적으로 치료에 임하지 않는가? 그건 여러 치료 행위를 경험하면서 얻은 피로감 때문이다. 섭식장애의 치료를 위해 엄마는 정말 온갖 방법을 동원했다. 거기에 나는 결정권이 없었다. 엄마에게 나의 섭식장애는 '당연히' 치료되어야 하는 것이었고 나는 섭식장애를 '당연히' 벗어나고 싶어 해야 했다. 가끔 나는 치료에 대한 아무런 정보도 없이 "비싸다"라는 말 하나만 듣고 낯선 곳을 가야 했다. 나는 매번 없는 치료 의지를 끌어모아 섭식장애 치료를 바라야 했다. 그런 상황에서 나의 솔직한 욕구는 전혀 중요하지 않았다. 나는 내가 섭식장애를 치료해야 한다고 생각하는 이유가 엄마 때문인지 내 삶을 위해서인지 구분되지 않았다. 그렇게 나는 치료로부터 소외되었다. 나의 의지나 의사는 치료에서 중요한 요소가 아니었다. 난 반복되는 새로운 치료법에 조금씩 지쳐갔다. 내 욕구와 생각이 존중받지 못하는 치료 경험은 나를 외롭게 만들었다.

엄마 덕분에 경험한 여러 치료법 중 강력하게 뇌리에 남은 것은 단연 천도재다. 나는 천도재 자리에 참석하지는 못했지만 이후 엄마가 이모들에게 하는 말들로 그 시간에 어떤 일이 벌어졌는지 알 수 있었다. 천도재를 올렸던 이유는 돌아가신 증조할머니가 내 곁에 머물며 음식을 먹고 싶어 한다는 무당의 말 때문이었다. 오랫동안 치매를 앓다 돌아가신 증조할머니는 알고 보니 굶다가 돌아가셨다. 식사했다는 사실을 계속 까먹고 밥을 내놓으라 소리치는 증조할머니에게 외할아버지는, 다시 말해 밥을 먹고도 밥을 달라고 소리치는 어머니의 모습에 지친 아들은 밥을 주지 않는 방법을 선택했고, 며칠 후 어머니는 당신의 방에 누운 채 삶을 마감했다. 이 사실을 까맣게 몰랐던 엄마는 충격을 받고 무거운 마음 반, 두려움 반을 안고 천도재를 올렸다. '할머니 드시고 싶은 거 마음껏 다 드시고 이제 증손주 놓아주세요.' 빌고 또 빌었다.

집으로 돌아가는 길, 화가 잔뜩 난 상태로 큰 이모와 외할아버지에게 전화를 걸던 엄마의 목소리가 아직도 생생하다. "아버지 때문에 내 딸이 죽을 뻔했잖아!"라고 소리치는 엄마의 모습이 낯설면서도 감동적이었다. 엄마가 나 때문에 누군가에게 화를 내는 모습을 처음 봤기 때문이다. 심지어 그 대상이 외할아버지, 즉 엄마의 아버지라니. 펑펑 울며 내가 죽을까 봐 공포에 떠는 엄마를 보고 있자니 미안했지만 동시에 고마웠다. 그리고 약간의 홀가분함을 느꼈다. 섭식장애라는 문제를 해결하는 데 고군분투해야 하는 사람이 나와 엄마만이 아닐 수 있다는 데서 오는 가뿐함이었다.

천도재의 효력과 무관하게 무당의 해석은 그간의 내 죄책감 일부를 덜어주었다. 섭식장애를 앓는 게 전부 나 때문은 아닐 수 있다는 말은 내가 지은 100가지 죄 중 하나를 용서받은 기분이었다. 아니, 더 솔직하게는 나 혼자 짊어져야 했던 짐의 일부를 외가 전체와 나눈 느낌이 들었다. 마음이 몹시 복잡하게 요동쳤다. 미안하면서도 고소하고, 걱정스러우면서도 홀가분했다. 섭식장애를 앓기 시작한 이후 나는 외갓집의 걱정과 우려를 한 몸에 다 받고 있었다. 모두가 나의 변화에 당황하고 나의 변화를 '아까워'했다. 마치 섭식장애를 가진 나는 내가 아닌 것처럼, 얼른 섭식장애를 떨쳐내고 '본래의 모습'으로 돌아오기를 가족 대부분이 소원했다. 나는 가족들의 걱정을 이해했지만 '돌아오길' 바라는 그들의 마음이 불편했다. 내 감정을 참고 인내하는 게 기본값이었던 나의 과거가 어른들에게는 편안했을 수 있겠지만 그 삶을 사는 나는 행복하지 않았으니까. 진정으로 내 행복을 바라는 어른이라면 내 변화를 기다리고 도와주는 게 바람직했다.

그러나 내게 모두가 '왜'를 물어봤다. "왜 그러니. 왜 변했니. 얼른 돌아오렴." 마치 나의 어린 시절을 구성했던 어른인 자신에게는 아무런 잘못이 없다는 듯이. 그들의 말과 눈빛, 행동에 영향받으며 자라온 내 삶이 품은 우울에 자신들의 탓은 없다는 듯이. 나는 그 모습을 괘씸하게 여기고 있었던 것 같다. 그런데 마침내 새로운 권위자-치료자가 등장해 "너희에게도 탓이 있다"라고 말해준 셈이었다. 천도재는 감춰져 있었던 가족의 비밀(증조할머니가 굶다 돌아가셨다는 것)을 드러냈고 할아버지는 무당의 말에 따라 증조할머니의 묘를 이장했다. 실제로 묘를 파보니 무당의 말처럼 물이 고여 있었다. 이로써 무당의 말에는 신빙성이 더해졌다. 물론 천도재 이후로 나의 증상이 갑자기 좋아지거나 하는 일은 생기지 않았다. 나는 천도재가 진행되고 있던 동안에도 길에서 과자와 빵을 사 먹고 있었다. 그러나 그날은 내 병이 전부 나에게서 비롯한 것이 아닐 수도 있다고 생각하게 된 계기가 되었다.

이후에도 엄마는 다양한 치료법을 나에게 시도했다. 몸의 독소를 뺀다는 단식원, 뼈와 뇌를 건강하게 보호해준다는 약, 여러 한의원 등. 내가 새로운 일을 벌일 때마다 엄마는 그 일을 계기로 내가 치료될지도 모른다는 희망을 품었다. 수십 번의 실패와 실망을 겪고도 엄마는 여전히 치료에 대한 희망을 놓지 않았다. 반면 나는 시간이 갈수록 섭식장애를 완치하고자 하는 욕심이 사라졌다. 증상이 사라지면 좋겠지만 평생 안고 가야 할 수 있겠다는 생각도 자주 한다.

아마 누군가는 내게 묻고 싶을 것이다. 폭식과 구토를 하면서, 알코올 의존증을 가진 채로 어떻게 정상적인 삶을 살 수 있느냐고. 그럼 나는 되물을 것이다. 정상적인 삶이 무엇이냐고. 폭식과 구토 증상이 있어도 친구를 만나고 공부하고 영화를 보고 생계 활동을 하고 연애하고 반려동물과의 삶을 꾸려가고 있는데, 이것은 왜 정상적인 삶이 아니냐고 말이다. 당신은 정상적인 삶을 살고 있는가? 그렇게 생각하는 근거는 무엇인가?

'정상적'이라는 개념은 상대적이다. 사람은 타고난 몸, 직장, 습관, 성향에 따라 삶의 형태가 달라진다. 거기에 정상/비정상은 없다. 그러나 질병을 갖게 되는 순간 한 개인의 삶은 쉽게 비정상으로 평가된다. '나는 비정상이다'라는 인식은 사람을 위축시킨다. 자신의 욕구를 불신하게 되며 다른 사람들의 삶을 모방하기 위해 애쓰게 된다. 그리고 그럴수록 자신의 삶에서 소외된다.

섭식장애 치료 과정에서 쓰이는 '정상식'이라는 것으로 예를 들면 이렇다. 치료에서는 '정상식을 다 먹는 것'을 첫 번째 치료 목표로 삼는다. 정상식이란 계산된 칼로리에 맞춰 계량된 밥 한 공기와 서너 가지의 반찬, 국 한 그릇을 뜻한다. 병원에서 섭식장애 환자가 '다 먹었다'는 것은 국을 포함해 식판에 주어진 것 전부를 먹었다는 것을 의미한다. 병원에서는 문제가 없다. 그러나 사회로 복귀하면 곧바로 문제가 발생한다. 사회생활은 병원 생활처럼 통제되지 않고 사람마다 먹는 양이 다르다. 주어진 것을 다 먹는 것에

훈련된 환자는 눈앞에 펼쳐진 여러 가지 반찬과 식당마다 다른 크기의 밥공기 앞에서 당황한다. 얼마만큼 먹어야 정상인 걸까? 주변 사람을 살핀다. 내 체형과 비슷한 사람이 먹는 양과 속도를 모방해본다. 그런데 그가 식사를 마치기도 전에 벌써 배가 부르다면? 반대로 한 공기를 다 먹었는데도 배가 아직 덜 부르다면? 덜컥 겁이 난다. 난 역시 비정상이구나. 이와 같은 혼란과 갈등이 일상을 압도한다.

만약 이랬다면 어땠을까? 환자와 의사가 함께 논의해 먹는 양의 목표를 설정한다. 환자는 자신의 목표를 갖고 식사 연습을 한다. 위험 체중 상태인 경우를 제외하고 체중은 치료에 중요한 기준이 되지 않는다. 환자는 식사를 할 때 칼로리나 체중 증가를 신경 쓰는 대신 자신의 식욕과 배부름을 느끼는 것에 집중하도록 연습한다. 안전한 환경에서 다양한 음식 먹기를 도전한다. 의사는 환자의 몸무게나 먹는 양이 아니라 음식에 대한 감정과 개인의 욕구, 정서에 집중하며 치료를 진행한다. 지금의 병원처럼 일상생활에서 겪을 수 있는 다양한 변수가 통제되는 공간이 아니라 안전하게 변수를 경험하는 장소인 입원 환경을 조성한다. 그렇게 섭식장애로부터 목숨을 보호하고 증상을 갖고도 일상을 유지하는 법을 체득하는 것을 입원 치료의 목표로 삼는다.

입원 생활과 사회생활 사이의 간극이 좀 더 작았더라면

혼란과 불안이 조금 덜하지 않았을까? 먹는 양을 늘리거나 체중을 회복하는 데 집중하는 대신 음식 앞에서 느끼는 감정들과 변해가는 욕구들에 집중하는 법을 배웠다면 어땠을까? 나에게 필요했던 건 '정상성'을 찾는 게 아니라 그것을 해체하는 일이었다. 정상적인 몸은 없으며 이상적 몸도 없다는 말을 듣고 싶었다. 내가 찾고 싶었던 건 과거의 내 모습이 아니라 새로운 나의 삶이었다. 병원은 그런 욕구에 귀 기울이지 않았다.

병을 앓는다는 것, 정신질환을 갖는다는 건 일종의 사건이다. 예측할 수 없이 벌어져 개인의 삶과 주변을 뒤바꿔 놓는다. 정신질환이라는 사건은 새로운 삶의 형태를 찾아갈 계기가 된다. 섭식장애는 다양한 방식으로 내 삶을 바꿨다. 우선 나 자신을 궁금해하지 않았던 내가 나를 궁금해하기 시작했다. 나를 중심으로 얘기하고 나의 감정을 드러냈다. 그러다 보니 문제가 없던 관계에 문제가 생기고 자연스럽게 인간관계가 정리됐다. 그들에게는 내가 하나의 '사건'이었을 것이다.

섭식장애와 함께 온 우울증은 어떤 날은 나를 이불 속에 가둬놓고 어떤 날은 약속되어 있던 모든 것을 취소하게 만들었다. 이전까지 약속 시간에 맞춰 나가는 것을 매우 중요하게 여기던 나에게는 있을 수 없는 일이었다. 어떤 날은 갑자기 사람 눈을 바라보는 게 너무 어렵고 어떤 날은 사람들의 체취를 맡는 게 고통스럽다. 가끔은 식욕이 너무 솟구쳐 사람들과 밥을 먹을 때도 속도 조절이 안 된다. 약속을 취소하고 이불에 묻히듯 숨어 있을 때마다, 다짐했던 것을 반복적으로 실패할 때마다 마음이 무너진다. 내가 나에 대한 통제력을 잃는 순간은 아무리 겪어도 익숙해지지 않는다.

내가 보이는 증상은 내 안에 문제가 있다는 것을 알려주는 신호이기도 하다. 그런 나를 파악하고 내가 겪는 문제를 찾다 보면 항상 원인은 존재한다. 그러나 대부분 내 상태는 내면에 집중할 만큼 기력이 없다. 그럴 때 조력자가 필요하다. 곁에서 문제를 함께 포착하고 원인을 찾을 수 있도록 도와주는 친구. 때로는 힘든 기상을 같이해주고 침대 밖으로 나오는 것까지 발맞춰 걸어주는 반려인간. 문제를 빠르게 포착하고 이해하고 나면 우울, 자해, 폭식과 같은 증상으로 미끄러지지 않을 수 있다. 증상에 빠졌다가도 현실로 돌아왔을 때 돌아갈 안전한 장소와 사람이 있다면 증상이 재발했다는 데서 오는 좌절로부터 비교적 빨리 회복될 수 있다.

폭식의 경험이 반복되고 길어질수록, 체중이 빠졌다가 찌기를 반복할수록 내 몸이 예전만큼 건강하지 않다는 것을 느낀다. 가끔은 이런 나의 몸에 화가 나고 속상하다. 내 몸의 한계와 여러 변화를 겪으며 나는 몸이 내 마음대로 쥐고 흔들 수 있는 물질이 아니라는 것을 알게 되었다. 우리는 쉽게 몸을 '극복'해야 할 대상으로 논하곤 한다. 인간의 영원한 방해물인 듯 통제하고 관리해야 한다고 말한다. 거식증을 심하게 앓았던 시기의 나 역시 그렇게 생각했다. 그러나 폭식과 구토의 경험, 우울증 증상을 겪고 몸의 의미를 다시 해석하는 시간을 통해 태도가 조금 달라졌다.

몸은 말한다. 내가 나의 기분과 감정을 신경 쓰지 않고 무시하고 있을 때 통증으로, 불편감으로, 경직으로, 나를 바라보라고 알려준다. 몸은 기억한다. 머리가 무시하거나 망각해버린 감정과 기억이 몸에는 전부 담겨 있다. 그러므로 몸은 한 인간의 역사물이다. 관리해야 할 대상이 아니라 관찰하고 들여다봐야 할, 존중되어야 할 삶의 일부이다.

섭식장애를 겪으며 알게 된 세상은 나를 훨씬 풍요롭게 만들었다. 내가 앓고 있는 병이 궁금해서 읽게 된 책들은 세상을 이해하는 새로운 관점을 제시해주었다. 내가 나를 평가하는 익숙한 기준 가운데 하나가 '외모'였다는 걸 책들을 찾아보기 전까지는 알지 못했다. 아니, 외모를 평가하는 게 문제가 된다는 생각을 해보지 못했다. 섭식장애를 알아가면서 더듬더듬 여성주의 서적을 읽게 되었고 덕분에 나는 세상을 다른 시각으로 바라보게 됐다. 내가 그동안 텔레비전 프로그램에서 어떤 영향을 받아왔는지 알게 됐고, 그 이후 쏟아지는 다이어트 방법, 먹방, 외모를 비교하는 말들에 예민하게 반응하게 됐다.

만약 내가 우울증과 섭식장애 등으로 일상생활에 어려움을 겪어보지 않았더라면 소수자 문제와 장애 인권 등에 지금처럼 관심을 갖지 않았을 것이다. 그저 공부를 잘하는 모범생으로 살았다면 한국사회의 불평등과 승자독식 시스템에 의문을 던지거나 문제 의식을 갖지 않았을 것이다. 그렇게 살아왔다면 가치관이 맞는 친구를 만났을 때의 행복을 느끼지 못한 채 나이를 먹었을 것이다. 직장 동료가 아니라 인생의 동료를 만난다는 게 행복한 삶을 사는 데 얼마나 중요한지, 얼마나 든든한지 알 수 없었을 것이다. 내가 앓는 병들로 내 삶을 평가하거나 나를 판단하지 않는 사람들을 만났기에 용기 내어 나의 증상을 세상에 말할 수 있었다. 꿋꿋이 자리를 지켜준 사람들이 있었기에 방을 벗어나 사회에 발 디딜 수 있었다.

어젯밤에도 나는 폭식과 구토를 했다. 친구를 만나고 즐거운 마음으로 집에 돌아왔는데도 습관적으로 당연하게 폭식을 했다. 구토를 하며 치료받은 치아를 걱정했다. 이런 나의 모습이 속상해서 고양이를 안고 잠에 들었다. 살짝 잠에서 깨었을 때 나를 반기는 건 부드러운 반려묘의 털과 체온이었다. 그 덕분에 어젯밤의 속상함을 잊고 아침을 시작할 수 있었다. 일상을 유지시키는 건 커다란 목표가 아니라 작은 따뜻함이라는 걸 다시 한번 느꼈다.

나의 꿈은 어제보다 나은 오늘이다. 미래에 아플 몸과 미래에 발생할 수도 있는 질병, 위험에 몰두하느라 현재를 잃지 않는 것이다. 나의 목표는 섭식장애를 앓는 나를 원망하지 않는 것이다. 병을 미워하기보다 병과 조화를 이룬 삶을 꾸려가고 싶다. 섭식장애를 겪으며 얻게 된 질병과 상흔을 외면하지 않고 적극적으로 받아들이고 싶다. 목표하던 일을 성취하고 일터에서 친구들 속에서 잘 지내는 것이 내 삶에 중요한 것만큼 섭식장애를 앓는 삶, 질병에 노출된 삶도 미뤄둘 수 없는 나의 삶이다.

요리하는 사람

요리를 시작한 건 우연이었다. 당시 나는 '사회적 기업가 육성 지원사업'에 참여해 프로젝트형 카페를 운영하는 팀에서 일하고 있었다. 서울시립 청소년 특화 시설인 하자센터 신관 1층에 있는 카페를 인수받아 예술인과 지역 주민을 위한 복합 문화 공간을 콘셉트로 워크숍을 열고 빵과 음료를 판매했다. 우리 팀이 입주하기 전, 원래 카페에서는 점심마다 건물 사람들이 돌아가며 점심을 만들어 먹고 있었다. 우리는 그 바통을 넘겨받아 점심을 판매하기로 했는데, 이 일의 담당자가 부재했던 어느 날, 내가 대신 점심을 만들게 됐다.

그게 시작이었다. 매일 아침 영등포시장에 들러 장을 보고 열댓 명이 먹을 양의 음식을 했다. 국과 반찬 네 가지를 기본 구성으로 다양한 메뉴를 시도했다. 순두부, 수제비, 마파두부 등등. 고기를 안 먹는 팀원과 종종 가게에 오는 비건 예술인을 위해 전부 채식으로 만들었다. 처음에는 건물 사람 몇 분이 고정 손님이었는데 날이 갈수록 새로 오는 사람이 늘어났다. 어떻게 입소문이 퍼졌는지 근처 회사에서 찾아오는 사람도 생겼고 하자센터를 방문한 사람들이 밥을 먹으러 오기도 했다. 처음엔 신기했다. 내가 한 음식을 사람들이 맛있게 먹는 것을 보면서도 믿기 어려웠다. "잘 먹었어요" "또 왔어요" "그때 먹은 유채나물 너무 맛있었어요" 같은 말들이 나를 응원했다. 내가 만든 것이 여러 사람의 하루에 영향을 끼치고 있다는 생각에 날이 갈수록 음식에 대한 책임감이 커졌다. 매일 저녁 인터넷으로 제철 음식과 새로운 요리법을 찾았다. 한결같고 건강한 음식을 사람들에게 주고 싶었다.

요리를 하기 전까지 음식은 나에게 먹거나 먹지 않는 것, 몸을 찌우는 물질 정도의 가치였다. 어릴 때는 편식 때문에, 커가면서는 살찌는 것 때문에 음식에 대한 감정이 좋지만은 않았다. 섭식장애를 앓기 전부터 나는 자주 음식 앞에서 망설였고 통제력을 잃을까 봐 겁먹었다. 섭식장애는 음식에 대한 내 오래된 감정을 적극적으로 드러내는 계기가 됐다.

　그런데 요리를 하게 되면서 나는 미처 깨닫지 못했던 음식에 대한 다양한 감정을 알게 됐다. 주말 아침 엄마와 먹었던 우동이 나를 얼마나 행복하게 했는지, 김치찌개와 파스타 속에 얼마나 다양한 추억이 녹아 들어 있는지, 여러 사람과 밥을 먹을 때 내가 얼마나 신이 났는지, 밥을 먹다 혼나는 상황이 나를 얼마나 슬프게 만드는지. 음식은 생명을 유지시키기 위해서만 존재하는 게 아님을 알게 됐다. 음식은 추억과 정서를 담은 아주 사적인 '상징'이기도 했다.

　내가 만든 음식을 사람들에게 팔면서 요리는 내가 세상과 만나는 새로운 방법이 되었다. 아침 장을 보는 것은 하루 중 내가 가장 좋아하는 시간이 되었다. 나는 큰 마트보다 시장 바닥 소쿠리에 놓인 채소를 선호했다. 시기에 따라 소쿠리 위에 담기는 채소가 바뀌는 걸 구경하길 좋아했다. 처음 보는 나물을 사며 봉지에 담아주는 할머니에게 요리법을 물어보는 걸 좋아했다. 날씨에 어울리는 메뉴를 고민하는 것을 좋아했다. 우중충한 날은 전을 부치고 쌀쌀한 날은 뜨끈한 수제비를 끓이고 호박이 저렴한 날엔 호박 요리를 하는 것이 참 재밌었다. 남은 반찬을 싸주기도 하고 반대로 요리에 쓰라며 채소를 선물받기도 했다. 거식증을 겪으며 매일 씨름해야 하는 대상이었던 음식은 어느새 나의 하루에서 가장 생산적이고 가치 있는 것이 되었다.

물론 자괴감도 있었다. 매일 타인을 위해 음식을 준비하고 사람들을 배 불리고 있었지만 정작 내 끼니에는 야박했다. 일이 끝나면 어김없이 폭식을 했다. 조금이라도 많이 먹은 것 같으면 수치심이 올라왔고 그것이 구토로 이어졌다. 몸을 많이 움직이는데 먹는 건 적으니 점점 살이 빠졌다. 사람들을 위해 어떤 새로운 음식을 준비할지 고민하는 동안 단 한 번도 내가 먹고 싶은 것을 궁금해하지 않았다. 나는 먹고 토하는 스스로를 불결하게 여겼다. 나의 더러움을 감추기 위해 더더욱 요리에 몰두했다. 밥을 먹고 가는 사람들의 웃는 표정은 내가 성취감을 느끼는 유일한 것이 되었다.

우리가 운영한 카페는 점심밥만큼 천연발효빵으로도 인기를 끌었다. 동료의 제빵 기술과 레시피가 안정되었을 때 우리는 점심밥 판매를 중단하기로 했다. 카페라는 정체성을 조금 더 확실히 하기 위한 전략 중 하나였다. 너무 많은 체력을 점심밥 조리에 쏟아야 하는 나에 대한 동료들의 배려이기도 했지만, 중요한 걸 잃은 느낌을 지울 수 없었다. 카페는 자리 잡았지만 나의 체중은 점점 줄어갔다. 역할이 사라졌다는 공허감에 폭식은 심해졌다. 결국 난 팀에서 하차를 결정했다.

그 이후 나는 계속 요식업계에서 일했다. 식당 서빙, 주방 조리, 카페 운영 등. 하다 보니 익숙해져서 다른 일을 시도하지 못하는 것도 이유고 다 풀지 못한 미련도 있다. 내가 성심성의를 다한 만큼 밖으로부터도 인정받고 싶달까. 음식점에서 서빙을 한다고 하면 잠깐 하는 '알바'일 것이라고 쉽게 생각들을 한다. 난 이 일을 생계 수단으로, 정식적 직업으로 존중받고 싶다. 연차가 쌓인 만큼 경력을 인정받고 더 나은 실력을 쌓을 기회를 제공받고 싶다. 서비스업은 상품을 소비자에게 이동시키는 단순한 업무가 아니다. 매장에 방문한 손님을 맞이하고 반기며 매장의 이미지를 만들고 상품에 대한 소개와 설명으로 손님이 더 나은 소비를 할 수 있도록 돕는다. 특히 음식을 파는 공간의 경우 쾌적한 환경을 위해 쓸고 닦으며 인테리어도 관리한다. 손님의 취향이나 요구를 파악해 적절한 음식을 추천하거나 주방과 조율해 손님의 취향에 맞는 음식을 제공한다.

낯선 이를 맞이하는 일이라서, 지금 하는 일을 좋아한다. 가게에 들어오는 손님을 '돈 내고 밥 먹으러 온 사람'으로 보는 것과 '오늘 이곳에서 추억을 만들러 온 사람'으로 바라보는 건 태도를 다르게 만든다. 전자의 관점으로 손님을 대하면 감정 소모를 최소화하고 음식을 나르는 '서버'의 기능만 수행할 수 있다. 누군가는 그런 방식의 일이 훨씬 편하지 않냐고 묻겠지만 나는 다르다. 아무 감정 없이 음식을 만들거나 나르는 기능을 하다 보면 내가 가게의 부품이 된 것 같아 불쾌해진다. 나는 후자의 마음으로 손님들을 대하기를 좋아한다. 손님들의 얼굴을 마주하고 손님들의 이야기를 듣고 때론 음식이 어떤지 물으며 짧은 관계가 발생하는 순간을 좋아한다. 특히 중년 여성들의 모임을 볼 때, 더 좋은 마음으로 그분들을 대하려 한다. 이모들이 떠오르기 때문이다. 어린 나이부터 일해야 했던 이모들이 노년의 나이에는 부디 저 여성들처럼 예쁘게 단장하고 밖으로 나와 친구들과 즐기며 살기를 바라며 그들을 대하게 된다.

지금도 종종 하자센터에서 요리했던 시절을 떠올린다. 요리에 완전히 몰두해 매일 설레고 성취를 느꼈던 날들. 그때의 충만감을 다시 느끼고 싶어 지금까지 계속 음식과 관련된 일들을 해왔다는 걸 최근에야 깨달았다. 그때를 계기로 음식은 나에게 다양한 의미를 지니게 되었다. 음식은 기억이고 관계이고 감정이다. 요리를 한다는 건 한 사람에게 추억을 만들어주는 일이고, 음식을 통해 새로운 관계가 형성될 기회를 마련하는 일이다. 요리를 통해 나는 간접적으로 한 사람을 환대할 수 있고 위로할 수도 있다. 그래서 난 요리가 좋다.

부끄러운 고백을 하나 하자면, 난 아직까지 나를 위해 제대로 요리한 적이 없다. 요리까지는 아니어도, 정성껏 밥상을 차려 나를 대접한 적이 없다. 아예 없다고 하면 좀 슬프니 드물다고 하자. 완벽히 차린 밥상이 아니라면 쓸모없다고 생각했다. 타인을 위한 밥상에 대해서도, 나를 위한 밥상에 대해서도 정해놓은 최소한의 구색이 있었고, 구색이 갖춰지지 않으니 차라리 안 차리는 게 낫다는 입장이었다. 그러다 보니 빈약한 나의 냉장고를 보면 기운이 빠지고 생각의 흐름이 곧바로 '역시 난 안돼'로 향했다. 마음이 슬퍼지면 익숙하게 폭식으로 향한다. 하나의 패턴이다.

만약, 내가 내가 아니라 나의 친구였으면 어땠을까? 상상해봤다. "집에 김치랑 계란만 있으니 김치볶음밥 어때?"라고 묻지 않았을까. 집에 먹을 게 없으니 밖에 나가 사먹자고 했을지도. 라면 하나를 먹더라도 둘이 먹어 너무 특별한 시간이 되었을지도. 내 소울푸드가 유부우동인 이유가, 일요일 아침 엄마와 레토르트 유부우동을 먹으며 텔레비전 프로그램 〈서프라이즈〉 보는 시간을 좋아했기 때문인 것처럼. 그러니 다시 냉장고를 열어본다. 김치, 청양고추, 계란, 소주. 초라한 나의 냉장고를 바라보며 다짐한다. 미워하지 말자. 지금 이런 나를 받아들이자. 이걸로도 충분하다. 남들에게 보여주기는 부끄럽지만 이 정도가 나란 걸 인정하자.

P 병원에서 첫 입원 치료를 마치고 인문학 공동체 수유너머에 있는 월요학교에 입학했다. 매주 월요일 탈학교 청소년들이 모여 같이 공부하는 곳이었다. 나는 월요일 아침 7시마다 서울행 고속철도를 타고 서울 남산 부근의 수유너머로 등교했다. 당시 나의 몸무게는 42킬로그램이었다. 수유너머 사람들은 아무도 나에게 섭식장애에 관해 묻지 않았다. 나는 여러 명의 탈학교 학생 중 하나가 되어 수업을 듣고 밥을 먹고 숙제했다. 글쓰기를 인정받고 요가에 재능이 있다는 걸 발견했다. 마지막 수업쯤 등산을 했는데, 날렵하다며 다른 학생들보다 체력에서 우월하다고 칭찬받았다. 지금 생각해보니 그때의 경험이 용기가 되어 섭식장애를 앓는 몸을 가진 채로 다른 활동을 시작할 수 있었던 것 같다.

　병을 가진 것이 삶에 방해물이 되는 것과 삶의 일부가 되는 것은 한 끗 차이다. 병이 있다는 이유로 사람들이 걱정과 우려 섞인 조언을 하고 개인의 활동을 제한하려 들 때, 병은 일상의 방해물이 된다. 반면 병을 이해하려 하면서도 병을 앓는 개인을 신뢰하고 그를 일상에 동참시키고 그동안의 관계를 변함없이 지속해갈 때, 병을 앓는 개인은 병을 삶의 일부로 받아들이기가 편안해진다. 병이 내 삶의 전부가 아니라 나의 일부일 뿐이라는 생각은 많은 것을 바꾼다. 병을 앓는다는 것에 덜 좌절하고 새로운 것을 해볼 용기를 가질 수 있다. 꿈과 삶에 대한 기대를 잃지 않을 수 있다. '질병'이라는 사건으로 인해 하나의 삶이 정체되는 것이 아니라 새로운 삶이 시작될 수 있다.

아픈 이가 곁에 있다는 건 결코 쉬운 일이 아니다. 많은 게 변할 수밖에 없다. 갑작스럽게 몰려오는 변화를 감당하는 과정에서 많은 갈등과 실수와 실패를 경험한다. 그러나 힘든 티를 내기가 쉽지 않다. 아픈 사람이 곁에 있지 않은가. 그런데도 우리는 아픈 사람들과 더불어 살아가야 한다.

내가 겪은 질병은 섭식장애와 우울, 알코올 의존과 불면이라는 정신질환에 제한되어 있지만, 아픈 시간이 길어질수록, 증상과 함께하는 시간이 길어질수록 작은 실패 하나에도 오만 가지 생각이 떠오른다. 내가 병이 있기 때문일까? 내 병이 티가 났나? 내 병이 누구에게 피해를 줬나? '박채영'이라는 정체성을 잊고 '섭식장애 환자' 정체성에 갇히기가 쉽다. 새로운 도전을 하는 것도 쉽지 않다. 병을 갖고도 할 수 있을까? 내 병 때문에 거절당하면 어떡하지? 걱정의 소용돌이에 휩싸이면 빠져나오기가 쉽지 않다. 병에는 나의 가능성과 능력과 재능을 잊게 만드는 힘이 있기 때문이다.

그렇기 때문에 아픈 채로 살아가기 위해서는 '곁'이 중요하다. 지켜봐주고 기다려주는 사람, 다시 기회를 주는 사회, 아파도 최소한의 삶을 유지할 수 있도록 해주는 제도적 지원, 아픈 사람의 취향을 존중하고 아픈 사람이 기호성을 포기하지 않도록 해주는 작은 배려가 아픈 사람이 겪어갈 좌절의 낙차를 줄여준다. 다른 말로 하면 회복탄력성을 올려준다.

나의 글이 어떤 사람들에게 '아픈 사람도 저렇게 살아가는데 나는 왜……' 같은 부정적 생각의 시초가 되지 않았으면 좋겠다. 또는 '저 사람도 이렇게 사는데 너는 왜?' 같은 비난의 말로 발전하지도 않았으면 좋겠다. 운이 좋아서 내가 좋은 사람을 많이 만났을지 모른다. 타고난 재능이 많았던 것일 수도 있다. 그러나 분명한 것은 섭식장애로 인해 발생한 나의 굴곡들에도 불구하고 나를 다시 맞이하고 함께해준 사람들이 있었기에 내가 나의 능력을 발휘할 기회를 얻고 친구를 얻는 만남을 가질 수 있었다는 것이다. 그 경험들이 나를 지켜줬다. 병이 끝나야 내 삶이 시작되는 게 아니라 병을 가진 채로도 삶을 계속할 수 있음을 알려줬다.

가끔 생각한다. 내가 만약 '치료'에만 몰두한 채 살았으면 어땠을까. 지금보다 빨리 섭식장애를 벗어났을지도 모른다. 그러나 분명, 집이라는 공간에 갇혀 음식을 먹고 소화하는 것이 가장 중요한 일상을 사느라 세상의 다양한 공간, 사회의 다양한 소식에 관심을 두지 못했을 것이다. 나처럼 아픈 사람이 있다는 것도 몰랐을 것이고, 나보다 아픈 사람이 있다는 것도 몰랐을 것이다. 내 아픔을 없애는 게 너무도 중요해서 타인의 아픔에 공감하고 사회 문제를 해결하기 위해 시민의 일부가 되어보는 경험을 하지 못했을 것이다. 난 섭식장애를 앓으며 그 수많은 경험을 했다. 지난 15년, 섭식장애라는 질환으로 인해 잃은 것보다 섭식장애와 함께 살아내며 겪어낸 일들의 가치가 훨씬 크다.

내가 얻은 것 중 가장 가치 있는 것은, 나의 정체성, '박채영'이라는 존재를 섭식장애로부터 지켜냈다는 점이다. 15년의 세월을 섭식장애 환자라거나 누구의 딸, 또는 어느 학교의 학생, 또는 어느 회사의 일부로 산 것이 아니라 '박채영'으로 살아왔다는 것이다. 변화무쌍하고 불안정했지만 그게 내 삶이다. 그런 나의 삶이 좋다. 앞으로도 나는 변화할 것이다. 내가 중요하게 여기는 가치와 신념이 있기에 방황 속에서 길을 찾고, 좌절의 끝에서 다시 일어날 수 있을 거라 믿는다.

며칠 전에도 죽음을 떠올렸다. 나의 손목에는 자해의 흔적이 있다. 몸 곳곳에 남은 칼로 그은 흉터와 치료받은 치아들. 내가 지닌 병이 남긴 것들이다. 종종 예고 없이 불안이 엄습한다. '이렇게 살아도 되는 걸까? 이러다 죽으면 어떡하지?' 그러고도 밥을 먹고 출근한다. 정신을 차려보면 손님들에게 웃으며 "어서 오세요!"라고 말하고 있는 나를 발견한다. 그냥, 이런 게 삶이 아닐까?

이런 나도 살아간다. 그러니 당신도 살 수 있다. 충분히.

나가며

쉽게 결정한 영화 〈두 사람을 위한 식탁〉의 출연이 책을 쓰는 데까지 올 줄은 상상도 못 했다. 이럴 줄 알았으면 조금 더 신중하게 영화의 주인공이 되는 것을 고민했을 텐데. 그래도 영화를 찍으며 알게 된 김보람 감독님과 스태프들, 영화를 통해 만날 이들을 생각하면 영화 출연은 지난 몇 년 동안 내가 내린 결정 중 가장 잘한 일이었다고 생각한다. 특히 김보람 감독님의 적극적인 지지가 아니었다면 이 책을 시작하지 못했을 것이다. 항상 나를 믿고 당신의 삶에 나를 초대해주신 김보람 감독님에게 사랑을 보낸다.

용기를 내서 영화에 함께 출연해준 엄마에게 고맙다고 말하고 싶다. 박상옥의 딸로 태어나 힘든 시간도 많았지만 그만큼 값진 경험을 많이 할 수 있었다. 무엇보다도 나를 여자들 속에서 키워줘서 고맙다. 권위와 억압적인 통제에 예민하고 평등과 존중, 공생의 가치를 중요시하는 사람으로 클 수 있었던 건 여자들 속에서 자랐기 때문이라고 생각한다. 그러나 우리 다음 생에는 부디 가족으로는 만나지 말자.

나로 인해 의지와 무관하게 삶의 일부가 세상에 공개되어버린 나의 이모들에게 미안하고 감사하다. 최대한 사려 있고 신중하게 쓰려고 했지만 그럼에도 부족한 부분이 많을 것이다. 부족한 부분은 독자들이 애정으로 채워줄 거라 믿는다. 나를 키운 여성들, 나를 지켜준 여성들은 내 글에 쓰인 것보다 훨씬 멋있고 아름다운 사람들이다.

이 자리를 통해 나의 변화무쌍한 삶에 묵묵히 있어준 나의 사촌 동생인 주현, 나경, 민지에게 고맙다는 말을 전한다. 학교도 어디에도 다니지 않았던 시절, 나의 유일한 친구가 되어준 동생들. 앞으로 같이 늙어가며 삶을 나누는 오랜 술친구가 되어주길 부탁해.

원고를 쓰는 마지막까지 나의 이야기가 사람들에게 읽힐 가치가 있을까 고민했다. 그럴 때마다 밝은 에너지로 용기를 주신 이정신 편집자님에게 감사, 또 감사하다. 편집자님의 유쾌한 응원이 없었더라면 내 성격상 원고를 쓰다 스스로 주눅 들어 책을 포기했을지도 모른다. 나의 첫 책이 무려 오월의봄에서 출간되다니. 이런 영광이 없다!

내 책을 기대하며 기다려준 나의 친구 고은, 너도나라 사람들, 책궁둥이 친구들 모두 고맙다. 당신들 덕분에 빛나는 추억을 만들고 돌봄을 배우고 기댈 곳을 찾았다. 자주 못 봐도 오래오래 서로에게 간섭하는 사이가 되어주면 좋겠다.

나의 이야기가 끝이 아니라 새로운 시작이 되었으면 좋겠다. 오랫동안 숨겨온 내 사연을 꺼내고 보니 다른 이의 삶도 궁금해졌다. 진단명은 다양한 사람을 하나로 묶어 개개인의 다양한 차이와 다채로운 사연을 묻어버리는 단점이 있다. 질병서사가 세상에 나와야 하는 이유는 묻혀서 사라질 수 있는 개인의 경험이 꺼내짐으로써 병을 평면적으로 보지 않게 만들 수 있기 때문이다.

내 생각에 한국사회는 전문가, 치료자의 권위가 너무 절대적인 곳이다. 그들이 내리는 진단은 평면적이다. 그러나 병을 겪는 환자의 삶은 굴곡지고 복잡하며 다채롭다. 난 치료의 주도권을 환자가 쥘 수 있어야 한다고 생각한다. 병원을 다녀오면 종종 불쾌해지는데, 내가 한 명의 사람이 아니라 질병 자체로 대해지는 느낌을 받기 때문이다. 나의 복잡한 감정을 궁금해하지 않는 의사, 나의 개인 서사에 호기심이 없는 의사, 빠르게 증상을 호전시킬 방법만 궁리하는 의사는 환자를 외롭게 만든다.

나는 충분히 환자의 서사를 이해하고 그에 맞는 적절한 지원을 하는 것이 진정한 '치료'라고 생각한다. 우리에게 필요한 건 1주일에 한 번 만나 병의 호전 정도를 확인하고 끝내는 점검사가 아니라 병이라는 산을 함께 등반할 셰르파다. 그러므로 우린 더 떠들고 듣고 질문하고 화내야 한다.

끝으로 오늘 하루 종일 머릿속을 채운 말을 적고 싶다.
이런 나라도 살고 싶다.
어떤 삶이라도, 가치 있으니까.

2023년 9월,
비 오는 날 양재동 카페에서,

채영 드림

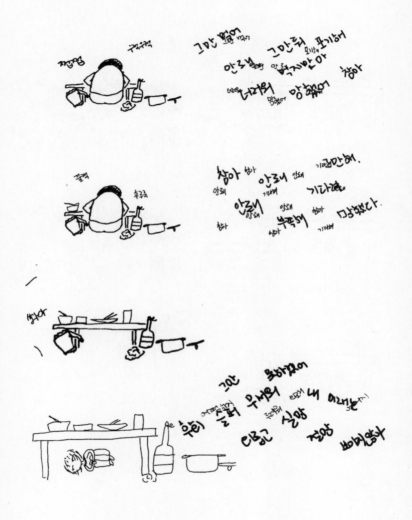

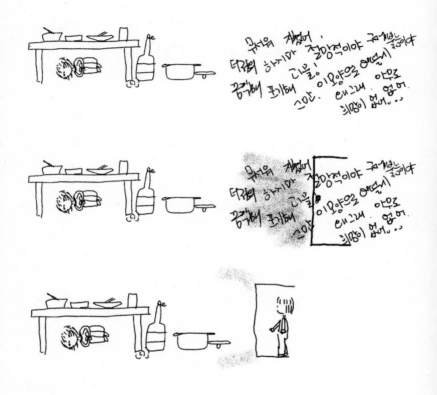

채영아,
외롭고 힘들었지?
이제 괜찮아. 내가 있잖아.
우리 다시 시작하자.

이것도 제 삶입니다

초판 1쇄 펴낸날 2023년 10월 30일
지은이 박채영
펴낸이 박재영
편집 이정신·임세현·한의영
마케팅 신연경
디자인 조하늘
제작 제이오
펴낸곳 도서출판 오월의봄
주소 경기도 파주시 회동길 363-15 201호
등록 제406-2010-000111호
전화 070-7704-5809
팩스 0505-300-0518
이메일 maybook05@naver.com
트위터 @oohbom
블로그 blog.naver.com/maybook05
페이스북 facebook.com/maybook05
인스타그램 instagram.com/maybooks_05

ISBN 979-11-6873-081-6 03300

만든 사람들
책임편집 이정신
디자인 조하늘